AI와 도시 계획

AI문고

인공지능 시대입니다. 기계가 인간의 인지를 대신하고, 사물이 인간을 통하지 않고 다른 사물과 직접 커뮤니케이션합니다. 이에 따른 인간 삶과 문명 변화를 정확히 이해·예측·대응하는 것은 이 시대 우리 모두의 과제입니다. AI문고는 인공지능 기술과 환경의 여러 주제를 10가지 키워드로 정리합니다. 관련 개념과 이론, 학계와 산업계의 쟁점, 우리 일상의 변화를 다룹니다. 인간과 기술의 현재, 미래를 세심히 분석합니다.

일러두기

- 이 책은 2025년도 서울시립대학교 연구년교수 연구비에 의하여 연구되었습니다(This work was supported by the 2025 sabbatical year research grant of the University of Seoul).
- 이 책은 2025년 국토교통부의 재원으로 지원을 받아 수행되었습니다(NO. RS-2022-00143404).

- 인명, 작품명, 저서명, 개념어 등은 한글과 함께 괄호 안에 해당 국가의 원어를 병기했습니다.
- 외래어 표기는 현행 어문규정의 외래어표기법을 따랐습니다.

처음이세요?

전문가세요?

AI와 도시 계획

이희정

대한민국, 서울, 커뮤니케이션북스, 2026

AI와 도시 계획

지은이 이희정
펴낸이 박영률

초판 1쇄 펴낸날 2026년 1월 15일

커뮤니케이션북스(주)
출판 등록 2007년 8월 17일 제313-2007-000166호
02880 서울시 성북구 성북로 5-11
전화(02) 7474 001, 팩스(02) 736 5047
commbooks@commbooks.com
www.commbooks.com

ISBN 979-11-430-1692-8 03500

책값은 뒤표지에 표시되어 있습니다.

차례

미래 도시 계획과 인공지능의 공존

21세기 도시는 물리적 공간을 넘어 데이터와 기술이 융합된 복합적인 유기체로 진화하고 있다. 특히 AI라고 불리는 인공지능(Artificial Intelligence)의 부상은 도시 계획이 기존의 정적 시스템에서 벗어나, 동적이고 적응적인 시스템으로 나아갈 수 있는 가능성을 보여 준다. 도시 계획은 이제 단순한 공간 배치나 규제 이상의 철학이자 기술이며, 도시의 복잡성 증가에 대응한 새로운 디지털 도시로의 지능적 전환을 맞고 있는 것이다. 이와 같은 도시 계획의 대전환점에 AI와 도시 계획은 어떻게 역할하고, 상호 보완적으로 공존할 수 있을지? 도시 계획가의 역할과 시민의 참여와 같은 본질적인 과정의 변화는 없을지 등 다양한 질문을 다루고자 한다.

오늘날의 도시 계획은 더 이상 단순한 물리적 토지 이용 계획에 국한되지 않는다. 오히려 도시민의 행동, 경제 흐름, 사회적 선호 등 복잡한 변수들이 실시간으로 반영되어야 하는 동적(動的) 계획으로 진화하고 있다. 도시 계획은 도시 문제를 예측하고 해결하며, 더 나은 미래를 계획 설계하는 기술이자 철학이다. 특히, 빅데이터와 인공지능(AI)의 등장은 도시 계획의 기존 프레임을 크게 뒤흔들고 있다. 이제 도시 계획은 과거의 정적인 선긋기의 계획 도면이 아닌, 수많은 데이터 알고리즘과 모델, 다양한 시뮬레이션으로 구현된다. 이러한 도시 계획은 인공지능과 만날 수밖에 없으며, 여하히 인공지능을 활용하느냐 하는 방식에 따라 미래 도시는 전혀 다른 방향으로 진화 발전할 수 있을 것이다.

기존의 도시 계획은 오랫동안 적절한 데이터의 부족과 문제의 정확한 해석의 어려움, 그리고 정치적인 수사와 수많은 시행착오로 인한 실행의 비효율성이라는 구조적인 한계를 안고 있었다. 예컨대 복잡한 도시 문제를 수치화하거나, 이해관계자 간의 갈등을 해결하고, 실행 가능한 대안을 도출해 나가는 데 매우 제한적일 수밖에 없었다. 이에 따라 현 도시 계획은 적절한가? 이는 잘 작동하고 있는가? 하는 근본적인 질문이 반복될 수밖에 없었다. 하지만 이제는 달라졌다. 빅데이터와 인공지능(AI) 기술은 실시간 교통, 환경, 인구 이동 등의 데이터 수집 및 분석을 통한 동적인 의사 결정을 가능하게 해 주고 있다. 또한 예측 알고리즘과 시뮬레이션 기능은 미래 개발 시나리오를 모의 실험하고 그 결과를 시각화하여 보여줄 수 있음으로써 다양한 이해 관계자들의 요구와 사회적, 환경적 요인을 통합하여 복잡성을 최적화해 주는 해법을 도출하고, 이를 올바르게 평가할 수 있게 해 준다.

도시 계획과 AI의 만남은 필연인가

도시 계획은 단순히 규제를 만드는 기술이 아니다. 이는 이론(Theory)과 실천(Practice)의 끊임없는 교차점에 서 있다. 도시 계획 이론은 우리가 도시를 어떻게 인식하고, 어떤 가치로 계획하며, 어떻게 조성해야 하는지를 고민하게 만든다. 학자 존 프리드먼(John Friedmann)은 도시 계획 이론을 총 세 가지 층위에서 다룬다. 첫째는 대표적인 계획의 이론(Theories of Planning)으로 토지 이용과 교통 계획에서의 중력 모형, 통근 이론 그리고 환경, 도시 디자인 분야에서의 생태 이론 등을 들고 있다. 그리고 둘째는 계획에서의 이론(Theories in Planning)으로서 소위 합리적 계획 이론, 소통적 계획 이론, 점진적 계획 이론 등과 같은 도시 계획 전반에 공통적으로 작용하는 메타 이론을 지칭한다. 그리고 마지막으로 계획에 대한 이론(Theories about Planning)으로서 실제 도시 계획의 작동 방식에 대한 비판적 시각으로서의 정책 평가, 사례 분석, 계획의 정치적 관점 등을 다루는 영역이 있다. 이러한 이론적 틀을 통해 살펴볼 때 도시 계획은 실천 관련 단순한 기술 적용을 넘어, 다양한 철학적 가치와 사회적 책임을 포함한 이론적 틀을 모두 포함하고 있다.

미래 인공지능(AI)은 이와 같은 도시 계획 어디쯤에 적용되는 것이라 규정해야 할까? 사실 인공지능은 세 층위 어디에도 고정되지 않지만, 반면 세 층위 모두에 어느 정도는 영향을 준다고 할 수 있다. 계획 활동(Activity)의 도구로서 예측, 시뮬레이션, 최적화에 활용 가능하고, 계획 이론(Theory)의 변화 유인으로서 계획가의 역할과 권한이 AI에 의해 재조정될 수 있으며, 마지막으로 계획 비판(Critique)의 대상이자 수단으로서 알고리즘의 편향, 투명성 문제 등에 새로운 비판 주체로 작용할 수 있다. 특히 AI는 "이론을 구현하는 도구"에 그치지 않고, "이론의 내용을 변화시키는 동인"이 되고 있다. 예를 들어, 소통적 계획 이론은 시민 참여를 강조하지만, AI 기반 시뮬레이션은 시민 의견이 아니라 '행동 데이터'에 기초한 정보로 의사 결정에 영향을 끼칠 수도 있다. 이는 단순한 도구가 아닌 변화의 직접적인 동인이 되고 있다고 보아야 할 것이다. 바야흐로 도시 계획이 'AI에 의한 도시(AI City)'라는 새로운 가능성과 책임 앞에 서 있음을 보여 준다. 그렇다면 AI는 단지 도구인가, 아니면 도시 계획 철학 자체를 변화시키는 동반자인가? 이 책은 이러한 물음에 대답하기 위한 첫 시도다. 도시 계획과 AI가 함께 그리는 미래 변화의 윤곽을 살펴보고, 우리가 어떤 원칙과 방법으로 새로운 도시를 계획할 것인지를 또 이를 통해 도시 계획에의 AI 기술 접목이 필수인지, 혹은 선택인지 우리 스스로 판단해 보고자 하는 것이다.

도시 계획을 위한 인공지능 기술

기존의 도시 계획은 크게 두 가지 합리성에 기반하고 있다. 소위 목표를 달성하기 위한 최적 수단을 찾는다는 효율성과 수치화 모델 기반의 도구적 합리성(Instrumental Rationality) 그리고 다양한 이해 관계자 간 공감과 소통을 통한 합의 형성과 참여, 공정성 실현을 중심으로 하는 말하자면 소통적 합리성(Communicative Rationality)이 그것이다. 여기에서 AI는 특히 도구적 합리성과 밀접히 관련되어 있다. 머신러닝 기반 최적화 기법과 빅데이터 기반 예측 분석 기술이 공간 시뮬레이션 및 교통 시나리오 모델링을 통해 이러한 도구적 합리성을 강화할 수 있다. 하지만 이는 동시에 소통적 합리성의 약화를 유발할 수도 있다. 즉, 알고리즘이 합리적이라고 판단한 결과라 하더라도 이것이 시민의 감정이나 요구와 충돌할 수 있기 때문이다. AI 기반 도시 계획은 결국 이 두 합리성을 어떻게 균형 있게 통합할 수 있는가에 달려있다 하겠다. 이 책에서는 이를 '혼합형 계획 합리성'이라는 새로운 틀로 접근하고자 한다.

즉, AI는 인간 계획가를 대체하는 것이 아니라, 협력(co-planning) 파트너로 자리 잡아야 한다는 주장이다. 물론 이를 위해서는 도시 계획가의 역량도 새롭게 변화되어야 한다. 소위 전통적인 계획 역량 외에 데이터를 해석하고, 질문할 수 있는 능력으로서 '데이터 리터러시', 그리고 알고리즘에 대한 비판적 이해를 위한 '모델 감수성'과 함께 기술보다 더 중요한 궁극적으로 무엇이 중요하고 옳은가를 판단하는 능력으로서의 '윤리적 가치 기준' 또한 갖추어야 할 것이다.

이와 같은 전제하에 도시 계획에 활용될 수 있는 새로운 인공지능 기술들로서는 머신러닝[Machine Learning: 대규모 데이터를 학습하여 패턴을 자동 추출하며 지도 학습, 비지도 학습, 강화 학습(RL) 등 다양한 형태가 있음. 도시 계획에서는 인구 예측, 통근 패턴 분석, 시설 수요 예측 등으로 활용], 딥러닝[Deep Learning: 인공 신경망(ANN) 기반으로 복잡한 비선형 문제를 해결하거나 컴퓨터 비전, 자연어 처리, 음성 인식 등 다양한 분야에 사용됨. 도시 계획에서는 위성 사진 기반 토지 이용 분석, 지하철 승하차 패턴 분석 등으로 활용], CNN[합성곱 신경망(Convolutional Neural Network): 이미지 기반 공간 정보 분석에 적합하며 도시 공간의 시계열 변화 분석, 시설 입지 선정 등에 사용됨. 실제 사례로는 폐지 시설 위치 선정, 신규 시설 입지 후보 예측, 용도 변경 최적화 분석 등이 있음. 결과를 시각화하여 이해 관계자와 소통 가능] 등이 있으며, 이들은 도시 데이터의 분석과 예측, 시뮬레이션에 핵심적인 역할을 한다. 계획 수립 지표, 시나리오 생성 모델, 실시간 모니터링 기술 등의 활용은 기존 도시 계획을 보다 정교하고 반응적으로 업그레이드 할 수 있게 해 준다. 특히, CNN을 활용한 공간 변화 분석, 생활권 단위 기반 시설 입지 최적화 등의 방법에서 실증적인 활용이 크게 증가하고 있다.

보다 최근에는 소위 'AI 에이전트(Agent)'로서의 인공지능의 새로운 기술에 대한 논의도 새롭게 등장하고 있다. 엔비디아의 CEO 젠슨 황(Jensen Huang)을 중심으로 제기되고 있는 'Agentic AI' 또는 'AI agents' 개념은 전통적인 AI(데이터 조회, 응답 중심)와는 다른 스스로 인지하고, 추론하고 행동하는 능력을 가진 인공지능(AI)을 탑재한 '자율적 행동 주체'로서의 시스템을 말한다

이와 같은 AI 에이전트들은 복잡한 도시 문제를 해결하기 위해 여러 AI 에이전트(Multi Agents)들이 상호 협력하거나 경쟁하는 단계로 나아갈 수 있다고 전망하고 있다. 실제 이렇게 되면 다양한 도시 모니터링 에이전트, 정책 시뮬레이션 에이전트, 커뮤니티 협력 에이전트 등이 공공의 도시 운영과 관련된 교통, 에너지, 안전 관리 에이전트와 연계하고, 민간의 기업 AI 에이전트와 분업적으로 협력하여 도시를 관리 운영하는 미래가 올 수 있다고 주장한다.

AI 도시 계획을 위한 핵심 기술 체계

도시 계획 분야에서도 AI를 활용한 예측, 분석, 시뮬레이션, 최적화 등에 다양한 인공지능 기술인 머신러닝, 딥러닝, CNN 등이 활용되면서 점차 필수 기술로 자리 잡고 있다. 이에는 특히 공간데이터, 인구 이동, 시설 입지, 교통 흐름, 환경 변화, 사회 경제 정보 등과 같은 빅데이터의 생산과 활용이 큰 역할을 하고 있다. 도시 계획가는 이제 단순한 규제 설계자가 아니라, 데이터와 알고리즘을 이해하고 활용하는 전략가로 거듭나야 한다. 이를 위해서는 무엇보다도 도시 계획 분야에서 실제로 AI 기술을 활용할 수 있도록 도와주는 소위 도시 계획 지원 체계

(PSS, Planning Support Systems)의 구축이 필수적이다.

도시 계획 지원 체계를 보다 구체적으로 살펴보면, 실제 도시 계획에 특화된 기술 체계로 다음과 같은 세 가지 구성 요소로 이루어져 있음을 알 수 있다. 우선 첫 번째는 계획 지표 시스템으로서 도시 문제의 진단 및 목표 설정에 필요한 정량적 인디케이터로서의 지표 추출 시스템을 들 수 있다. 그리고 두 번째로는 이러한 지표 도출을 기반으로 직접적인 정책, 계획, 시나리오를 수립하는 데 도움을 주는 인공지능 모델로서의 계획 수립 지원 시스템을 생각할 수 있다. 그리고 마지막으로는 수립된 계획이 잘 작동하는지를 실시간으로 감시 분석하여 정보를 제공함으로써 계획의 적정성 평가를 할 수 있는 즉, 계획 모니터링 시스템이 그것이다. 도시 계획 분야에는 전통적으로 오랫동안 모델링 기반 기술이 존재해 왔다. 그리고 최근의 AI 기술은 이러한 전통적인 모델들을 앞서 언급한 기술 체계를 바탕으로 정교화하고, 동적으로 진화시키고 있다.

실제 도시 공간 구조 및 토지 이용 변화 예측 등의 분야에서 라우리(Ira Lowry) 교수와 윌슨(Alan Wilson) 교수 그리고 배티(Michael Batty) 교수 등이 이러한 도시 모델(Urban Model)들을 기반으로 통행 지표, 교통 중심성 지표, 서비스 접근성 지표 연구 등을 수행하고, 이를 기반으로 최적 입지 모델, 인구 변화 시뮬레이션 모델 등의 개발을 통해 공공시설 이용률 평가 분석 및 시민 민원 데이터 분석 등을 효과적으로 추진함으로써 전통적인 도시 계획 모델들을 구체화시키고 더 다이내믹하게 활용될 수 있도록 진화시키는 데 크게 기여하고 있다.

도시 계획과 AI의 통합을 위한 정책 변화

인공지능(AI)은 궁극적으로 도시 계획의 전 과정을 도와주는 조력자(AI assistant Planner)로 작용해야 한다. 자율 운영 체계로서의 AI 에이전트 논의가 있긴 하지만 많은 경우 기술만으로 부족한 경우가 있을 수 있다. 최종적인 판단과 책임은 여전히 사람에게 있다. 즉, AI는 최적의 대안을 제시할 수 있다. 그러나 계획가는 그 대안의 사회적 정당성을 판단해야 한다. 이러한 삼각 구조가 바로 AI 기반 도시 계획의 건강한 생태계라 할 수 있을 것이다.

앞서 살펴보았듯이 AI 기반 도시 계획 지원 체계는 크게 계획 수립 지원 지표 서비스 시스템, 시나리오 기반 지원 모형/시뮬레이션 시스템, 계획 실행 이후의 모니터링 시스템으로 구성된다. 이들은 도시 계획의 전 과정을 통합된 플랫폼에서 관리 가능하게 해 주며, 이를 위해서는 데이터 통합 표준화, 시스템 연동, 행정 체계 연계 등이 동시에 요구된다. 기술은 계획의 본질을 보완하는 수단이며, 궁극적으로는 사람 중심의 가치가 기술 설계 각 단계에서 세부적으로 반영되어야 하는 것이다.

도시 계획은 전통적으로 전문가 집단 중심의 일방향 체계에 가까웠다. 그러나 오늘날의 도시는 훨씬 더 복잡하고, 실시간 변화에 유기적으로 반응해야 한다. 이에 따라 AI를 기반으로 한 계획 수립, 관리 및 평가 시스템의 필요성이 부상하고 있다. 이러한 체계(System)는 단순히 하나의 도구로서의 기술적 영역만이 아닌 도시 계획 정책 전체를 하나의 피드백 과정으로 통합하여 작동하게 만들어야 하는 핵심 인프라라 할 수 있을 것이다.

정부 주도의 "빅데이터 인공지능 기반 도시 계획 미래기술 개발" 자료에서도 AI 도시 계획을 위한 기술 체계를 위에서 언급한 세 가지로 구분하고 있다. 한편 AI 기술이 실제 도시 계획에 적용되기 위해서는 AI 자체 기술 발전과 함께 이와 연계된 AI 도시 계획 기술의 지속적인 발전도 계속해서 논의되어야 하겠지만 다른 한편으로는 국가 도시 계획의 운영을 주도하고 있는 국토 도시 계획 제도적 기반의 마련도 필수적이라 하겠다. 즉, 현행 법제도(국토기본법, 도시군기본계획 수립 지침 등)는 여전히 정적인 계획 체계 중심으로 구성되어 있으며, AI 기반의 동적인 체계를 수용하기 어려운 구조이기 때문이라 할 수 있다.

이를 개선하기 위해서는 AI 도시 계획 플랫폼의 법제화, 데이터 공유 규범의 확립, 시범 도시 실증 사업, 계획 수립 지침의 개정 등이 이루어져야 한다. 또한 AI를 활용함에 있어 계획의 공정성, 투명성, 지속 가능성을 제도로서 구체화함으로써 이를 내재화하여야 할 것이다. 그리고 무엇보다도 이를 국가 차원에서 통합 실증을 통해 검증하고, 전국적인 정책으로 확산시켜 나가기 위한 구체적인 전략이 필요하다.

AI 기반 도시 계획이 기술적으로 아무리 우수하다 하더라도, 이를 현행 제도와 행정 체계 안에서 구현하지 못한다면 실효성은 떨어질 수밖에 없다. 도시 계획은 기본적으로 법률과 행정 절차를 기반으로 작동하는 공공 정책의 한 영역이며, 이에 따라 기술 변화는 반드시 제도 변화와 연계되어야 한다. 그러나 현재는 데이터 및 기술 도입에 대한 명확한 기준도 부족하며, 계획 수립과 실행 주체 간 정보 연계도 떨어지고, 실제 계획 평가 및 환류 체계의 마련도 미흡하다. 이는 법정 계획의 체계가 여전히 과거 정적인 계획 구조에 머물러 있기 때문이라 할 수 있다. 이런 문제를 해소하기 위해서는 AI 기반 도시 계획을 수용할 수 있는 법제도 개혁이 반드시 요구된다.

도시 계획과 AI의 철학과 윤리

도시 계획 법제도 기틀 마련을 통한 AI 기반 도시 계획의 확산을 실현시키는 데 중요한 또 다른 한 부분은 기술의 제도화에 대한 가치 기준의 확립일 것이다. AI 도시 계획 제도는 단순히 속도와 효율만을 지향해서는 안 된다. 반드시 공정성, 투명성, 참여성, 지속 가능성 등의 핵심 가치를 반영하여야 할 것이다.

공정성은 AI 기술 적용의 결과가 특정 계층에 불리하게 작용하지 않아야 한다는 것을 의미한다. 또한 투명성은 AI 기술 적용에 활용된 데이터와 알고리즘이 공개 설명 가능하도록 하여야 한다는 것이며, 참여성은 기술의 수혜자가 계획 과정에 직접 참여 가능하도록 하여야 한다는 것이다. 그리고 무엇보다도 AI 기술이 도시 계획의 단기 성과 실현만이 아니라 장기적인 도시 회복력에 기여할 수 있도록 하는 지속 가능성을 가져야 한다는 점을 강조하고 있다.

AI가 도시를 계획, 설계할 수 있다면, 법과 제도는 그

AI가 적용된 도시의 윤리적 토대를 정립한다. AI는 더 똑똑한 스마트 도시를 만들 수 있다. 그러나 더 나은 도시를 만들기 위해서는 이러한 기술을 수용하고, 통제할 수 있는 제도적 장치가 반드시 필요하다. 이에 남은 과제는 기술 도입을 위한 실험만이 아니라, 그 실험을 사회 전체가 받아들일 수 있도록 하는 일이다. 결국 AI 도시 계획의 미래는 이와 같은 기술과 제도의 균형 잡힌 기반 위에서만이 비로소 안정된 정착을 이루어낼 수 있다는 것이다.

AI는 기술적으로 아무리 정교하다 하더라도, 윤리적 기반 없이는 도시 계획의 본질을 위협할 수 있다. 즉, 알고리즘의 편향성, 시민 참여의 배제성, 불공정한 결과 도출 등은 실제 계획의 실패로 이어질 수 있다. 따라서 AI 기반 도시 계획은 설명 가능성, 책임성, 투명성, 시민 참여의 원칙을 반드시 포함해야 하며, 윤리를 계획 초기 단계부터 반영하는 윤리 중심적 설계(Ethics-by-Design) 접근 방식이 필수적이다. 결국 기술은 도구일 뿐, 기본 원칙과 방향은 사람이 결정해야 하는 것이다.

이와 아울러 AI 기술 도입과 적용을 위한 경제적 비용과 사회적 노력에 대해서도 이에 상응하는 공감과 지지를 이끌어낼 수 있는 정당성과 합리성이 함께 검토되어야 한다. 궁극적으로 사람을 위한 계획이란 가치 없이는 공감을 이끌어낼 수 없기 때문이다.

미래 도시와 AI의 공존과 발전

인공지능은 놀라운 계산 능력과 예측 정확도로 도시 계획의 새로운 가능성을 제시하고 있다. 하지만 기술이 옳은 선택을 한다고 해서 그것이 정당한 선택이라고 확신할 수는 없다. 도시 계획은 본질적으로 윤리적 행위다. 왜냐하면 그것은 수많은 사람들의 삶, 기회, 공간 접근성을 결정하고, 이를 통해 그 사람들에게 직간접적으로 커다란 영향을 끼치게 된다.

따라서 AI가 도시 계획의 도구로 인정받고, 자리 잡기 위해서는, 반드시 이의 전제가 되는 철학적, 윤리적 기준이 병행되어야 한다. 도시 계획의 윤리는 단지 '좋은 도시'를 만드는 문제만이 아니라, 그 도시가 누구에게, 어떻게, 어떤 방식으로 작동하는가를 포함한다. 계획가의 윤리적 책임은 따라서 다음과 같은 핵심 가치 위에서 존재해야 한다.

그중 하나는 공공성으로 도시의 자원은 사적 이익보다 공공 이익을 우선해야 한다. 그리고 다음으로서 형평성은 다양한 계층과 집단의 차별 없는 접근성과 권리를 보장해야 한다. 또한 중요한 참여성에 대해서는 도시 계획은 시민 모두의 목소리를 담아낼 수 있어야 하며, 마지막으로 지속 가능성에서는 오늘의 선택이 미래 세대에게 부담이 되지 않도록 해야 한다는 것이다.

제인 제이콥스(Jane Jacobs)는 "도시는 모두를 위한 무언가를 제공할 수 있다. 그러나 그것은 모두에 의해 만들어질 때만 가능하다"고 주장했다. AI 시스템은 데이터를 기반으로 학습하지만, 그 데이터는 이미 사회적 편향과 불균형을 내포하고 있을 수 있다. 이미 저소득 지역을 제외한 과거 개발 패턴이나 자동차 이용 중심의 교통 이동 패턴, 큰 목소리를 내는 사람 중심의 민원 데이터 등 이러한 데이터에 기반한 알고리즘은 오히려 기존의 불평등을 '합리적인 결과'로 포장할 수 있다. 따라서 도시 계획에서 AI는 중립적 기술이 아니라, 해석되고 통제되어야할 사회적 도구라 할 수 있다.

우리는 이제 'The City of Artificial Intelligence'라고 하는 '인공지능 도시(AI City)'의 새로운 도시 패러다임을 마주하고 있다. 기술은 계획의 강화자이며, 제도는 기술의 중재자, 그리고 윤리는 기술의 나침반이라 할 수 있다. AI와 도시 계획은 이제 서로를 변화시키며 같이 진화해 나가는 공존과 발전이라는 공진화(co-evolution)의 관계에 있다. "기술은 도시를 바꾸고, 그 도시는 다시 사람을 바꾼다. 이 순환의 주체는 결국 사람이어야 한다." 이것이 미래 AI 시대의 이상적 도시상이며, 이를 위한 계획가의 새로운 역할이 요구되고 있는 것이다.

AI는 이미 도시 계획의 다양한 영역에 스며들고 있다. 계획 수립, 분석, 시뮬레이션, 모니터링, 시민 참여 등 그 영향은 가히 전방위적이라 해도 과언이 아니다. 그러나 정확히 지금의 위치는 시작점일 뿐이다. 우리는 '도시 계획 + AI'의 시대를 넘어 'AI와 함께 계획하는 도시'로 나아가고 있다. 이 변화는 단지 기술을 도입하는 수준이 아니라, 도시를 인식하고, 계획 설계하고, 운영하는 방식 자체를 근본적으로 바꾸는 패러다임의 대전환을 요구하고 있다.

책의 구성과 내용

이 책은 도시 계획과 인공지능(AI)에 관심을 가지고 있는 학생, 일반, 전문가 누구나 이해하기 쉽게 구성하려 노력하였다. 이를 위해 최근 도시 계획이 변화하고 있는 일반적인 기술 발전과 정책 변화 경향에 대한 소개를 통한 이해와 함께 인공지능이 이러한 변화에 어떤 기여와 역할을 할 수 있을 것인가에 초점을 두고 서술하였다.

우선 먼저 '기술의 미래는 도시의 미래다'라는 관점에

서 윈스턴 처칠이 의회를 두고 한 말의 변용과 같이 "우리는 도시를 만들고, 그 도시는 다시 우리를 만든다"라고 하는 시각을 중요한 논의 구조로 삼고 있다. 이를 통해 AI는 도시를 만들고, 그 도시는 다시 우리 사회의 구조, 가치, 일상, 공동체를 계획 설계함으로써 변화시키고 있다고 보았다. 이러한 관점에서 도시 계획과 AI는 이제 떼어낼 수 없는 하나의 진화 시스템으로 이해하고, 우리는 그 안에서 사람다운 도시, 정의로운 기술을 어떻게 구현할 지에 집중해야 됨을 강조하고 있다. 이 책이 이러한 미래 도시 계획 여정의 길라잡이가 되기를 바란다.

전체는 10장으로 구성되어 있으며 각 장은 2~3개의 소주제를 중심으로 기술되어 있다.

1장에서는 최근의 기후 변화와 미래 도시 전망에 대해 일반적인 이해와 공감을 이끌어 내고, 기후 변화가 도시 계획에 미치는 영향을 분석하며, 이후 AI를 통해 미래 도시가 어떻게 변화할지 또 어떤 기여를 할 수 있을지를 'AI 시티'라는 관점에서 전반적으로 다루고 있다. 2장에서는 국내외 도시 계획 기술 변화에 따른 AI 도시 계획 혁신의 방향을 조망해 보고, 이에 따른 구체적인 도시 계획 및 설계의 운영 방향을 최근 등장하고 있는 '도시 인공지능(이하 Urban AI)'이라고 하는 관점에서 소개하고,

Urban AI 기술 발전이 도시 문제 해결에 어떻게 기여하고 있는지를 다루고 있다.

3장에서는 우선 먼저 도시 빅데이터와 도시 계획이란 주제로 도시 빅데이터가 활용되고 있는 도시 계획의 혁신적 변화들에 대해 먼저 소개하고, 미래 도시 사회에서의 도시 계획이 이를 통해 나아가야 할 방향에 대해 논하였다.

4장 인공지능과 도시 계획 부문에서는 인공지능 기술이 도시 계획 과정에 도입된 실제 사례와 기대 효과를 설명하도록 한다. 공간 분석, 시나리오 작성, 정책 평가 등 다양한 분야에서 AI가 어떻게 활용되고 있는지 구체적인 사례를 제시하며 인공지능이 어떤 역할을 하고 있는지 또 할 수 있는지를 실제 사례를 중심으로 소개하고 이를 전망해 보았다. 또 최근 AI 기술 발전에 따라 급속도로 확산되고 있는 소위 AI 네이티브(AI-native) 도시 논의와 한계에 대해서도 살펴보도록 한다.

5장 AI 기반 도시 조사와 도시 특성 규명에서는 AI를 이용한 도시 조사 방법론과 도시 특성 규명 기술을 다룬다. 이를 위해 도시 계획에서 일반화되어 있는 지리 정보 시스템(GIS)과 새로운 기술로서의 머신러닝 기법을 결합하여 도시의 인프라, 인구 구조, 사회 경제적 특성을 분석하는 방법을 소개하고, 이를 통해 도시 내 다양한 특성 분석 방법을 할 수 있다는 것을 다루도록 한다.

6장과 7장에서는 이러한 도시 특성별 맞춤형 계획과 AI를 활용하는 미래 전략 수립의 필요성과 방향을 설명하고, 도시 특성에 맞춘 맞춤형 정책 수립에 대해 탐구한다.

그리고 보다 구체적으로 도시 계획에 중요한 영향을 미치는 인구 변화 예측과 이에 따른 도시 정책의 적용 방안을 최근 주목받고 있는 거대 언어 모델(LLM) 혹은 소규모 언어 모델(SLM) 기법으로서의 생성형(Generative) AI를 통해 어떻게 미래 변화에 대응할 수 있나를 설명하고, 인공지능이 이런 변화에 어떤 역할을 하고 있는지를 중심으로 미래 인공지능 활용의 당위성과 가치를 집중적으로 다룬다.

8장, 9장에서는 보다 실질적이고 구체적인 도시 계획으로서의 토지 이용과 공간 구조 예측에 AI 기술을 어떻게 활용할 수 있는지, 또한 왜 효율적인지를 도시 확장, 재개발, 부지 활용 최적화 방안 등에 적용된 AI 모델 등을 통해 설명하고, 이를 바탕으로 공공시설 배치, 교통, 에너지, 환경 서비스 등 다양한 도시 시설의 운영 최적화에 AI 기술을 활용하는 방법도 함께 설명하도록 한다. 그리고 이를 위해 많은 도시 센서와 데이터 수집 분석을 통한 실시간 최적화 방안에 대해서도 소개한다.

마지막으로 10장에서는 미래 AI 기반 도시 계획을 위한 실질적인 계획 기반 체계로서의 빅데이터 AI 기반 미래 도시 계획 통합 플랫폼과 이를 구현하기 위한 구체적인 도시 계획 지원 시스템에 대해 소개하도록 한다. 이와 관련해서는 현재 국가 R&D 연구에서 논의가 진행되고 있는 플랫폼의 구조, 기능, 활용 방안, 구체적 실증 도시 적용 사례 등을 중심으로 설명하면서, 미래 도시 계획의 변화 발전 방향을 제시하도록 한다. 그리고 마지막으로 전문가로서 도시 계획가와 시민 그리고 정책 결정자들이 갖추어야할 변화된 역량과 혜택에 대해서도 전망해보도록 한다.

참고문헌

국토교통부(2014). "국토이용 및 도시 계획체계 개편 연구".

국토교통부(2019). "빅데이터 기반 인공지능 활용 미래 도시 계획 기술개발 기획연구". 국토교통기술진흥원(내부자료).

루이스 멈퍼드(2016). 《역사 속의 도시》. 김영기 옮김. 지식을만드는지식.

서울특별시(2020). "스마트 도시 계획 도입을 위한 정책연구". 대한국토도시 계획학회(용역보고서, 미공개자료).

이희정 외(2014). 《새로운 도시, 도시 계획의 이해》. 보성각.

01
기후 변화와 새로운 AI 시티

기후 변화는 도시의 물리적, 사회적 기반을 위협하고 있으며, 도시 계획은 이에 대한 적극적 대응을 요구받고 있다. 새로운 미래 "AI (스마트) 시티"는 데이터 분석 및 예측을 통해 회복 탄력성이 높은 새로운 미래 도시 계획 및 설계를 지원한다. 이를 통해 도시 취약성 분석, AI 기반 미래 예측, 지속 가능한 도시 계획, 탄소중립 정책 및 시나리오 분석 지원 도구 등에 다양한 노력을 기울일 필요가 있다.

기후 위기와 인공지능?

기후 위기와 미래 도시 AI 시티

최근 인류는 코로나19라고 하는 바이러스로 인한 세계적 팬데믹 위기를 겪었고, 약 1억 명 이상의 희생자와 도시 봉쇄(Lock down) 혹은 도시 마비(Shut down)를 경험한 바 있다. 이와 같이 기후 변화는 인류 문명의 중심이라고 하는 도시의 물리적, 사회적 기반을 위협하고 있으며, 도시 계획은 이에 대한 적극적인 대응을 요구받고 있다. 그리고 이러한 변화에 대응하기 위한 핵심 기술 중의 하나로 최근 인공지능, AI가 주목받고 있다.

범지구적인 이상 기후와 도시 재난은 이제 피할 수 없는 자연 재해로 전 인류의 새로운 위협이 되고 있다. 우선적으로는 이러한 기후 변화와 재난 상황을 사전에 예측하고 효과적으로 대응하는 것이 미래 도시 생존에 점점 더 중요해지고 있다.

이와 아울러 재난 상황에서의 도시 방재를 통한 도시의 회복 탄력성(Resilience)을 높이는 것이 도시 경쟁력의 핵심으로 평가받고 있어 이를 위한 노력을 많은 도시들이 앞다투어 추진하고 있다. 이러한 방어적 도시 관리(Defensible Urbanism)의 핵심에 인공지능 기술이 중요하게 자리 잡고 있다.

전 세계적으로 극지방의 빙하가 녹아내리고, 이로 인

한 해수면 상승과 지진 해일의 급증 그리고 엘리뇨 현상 등 이상 기후로 인한 산불의 빈발과 대기 오염, 미세먼지, 호흡기 문제가 급증하고 있다. 이와 같이 다양하게 인류의 생존과 도시의 존립에 영향을 주고 있는 기후 변화의 핵심 원인으로 전 지구적 탄소 배출 증가에 따른 지구 온난화 문제를 들고 있다.

AI는 그동안 인간의 힘으로는 불가능에 가깝다고 알려져 왔던 전 지구적인 기후 데이터의 분석 및 예측을 통해 탄력적인 도시 계획 및 설계를 지원한다. 예컨대 도시 취약성 분석으로서의 도시 열섬 현상, 홍수, 가뭄 등의 리스크 평가와 대기 질 모니터링, 강수량 및 기온 변화 시뮬레이션 등 AI 기반 기후 예측을 통해 도시별 탄소중립 정책 수립 및 계획 모니터링, 다양한 기후 예측 모델을 통한 기후 시나리오 분석 지원과 정책 효과 분석 등을 할 수 있다.

또한 수많은 개별 탄소 배출원으로서의 자동차나 기계, 각종 토지 이용의 건축물과 도시 활동 등의 즉각적인 측정과 효율적 제어를 통한 도시 관리와 탄소 흡수원으로서의 녹지와 자연 환경 정비를 위한 친환경적이고 지속 가능한 도시 관리 실현 등이 가능한 소위 "AI 스마트시티(Smart City)" 혹은 "AI City" 실현을 위한 엄청난 도시 빅데이터의 분석과 예측 및 관리라는 기술적 뒷받침이 이루어지고 있다.

이러한 "AI City" 개념은 인공지능(AI) 기술을 중심으로 도시의 운영, 계획, 서비스가 스마트하게 통합 집약되어 도시 문제를 해결하는 미래 도시를 의미한다. 즉, 스마트 AI를 활용하여 도시의 인프라, 교통, 환경, 안전, 에너지, 시민 참여 등 다양한 분야에서의 데이터를 실시간으로 분석하고, 예측하며, 최적화하여 기후 위기 속에서도 도시를 더욱 효율적이고 지속 가능하며 살기 좋은 공간으로 만드는 미래 "이상 도시(Ideal City)"인 것이다.

이와 같은 AI City의 주요 특징으로는 우선 통합된 스마트 인프라로서의 센서, 사물인터넷(IoT), 빅데이터, AI 플랫폼이 연동되어 도시 전체를 계획 및 관리할 수 있어야 한다. 그리고 이를 바탕으로 AI 기반의 도시 분석 및 예측을 통해 정책 결정과 집행을 지원하고, 도시 문제 발생 전에 미리 대응 방안을 제시하는 지능형 의사 결정이 이루어질 수 있어야 한다. 그럼으로써 에너지 적정 배분, 재난 대응 등 도시 기능이 자동화되고, 최적화될 수 있을 것이다.

AI 기반 미래 AI 시티 도시 계획

우리가 현재 경험하고 있는 기술 변화는 일찍이 경험하지 못했던 엄청난 수준의 발전이라고 해도 과언이 아닐 것이다. 4차 산업혁명으로 표현되는 기술 혁명은 인공지능, 빅데이터, 사물인터넷, 블록체인, 로봇, 자율주행차, UAM, 하이퍼 루프, 가상현실, 메타버스 등 이루 다 갈할 수 없을 정도로 다양하고 폭넓은 영역에서 폭발적으로 이루어지고 있다고 할 수 있다. 더욱이 이런 기술 변화가 조만간 소위 특이점(singularity)이라고 하는 변곡점을 지나면 기계 즉 인공지능이 스스로 기술 혁신을 폭발적으로 증진시키게 될 것으로 예상되고 있다.

현재 인공지능으로 대변되는 기술 혁신이 미래 도시를 변화시키길 기대하는 부분은 그동안 도시가 주는 편익은 유지 혹은 증진시키면서도 어쩔 수 없이 희생해 왔던 많은 어려움과 한계는 최소화할 수 있는 방안은 없을까 하는 것일 것이다. 따라서 인공지능과 같은 기술 변화에 기대하는 미래 도시의 변화된 모습은 각종 현대 도시가 안고 있는 도시 문제의 해결일 것이다.

많은 경우 일정한 패턴을 가지고 반복되는 문제이거나, 그 문제가 복잡한 구조 속에서도 어떤 규칙과 기준을 가지고 나타난다는 복잡계(Complexity or Complex

System)로서의 특징을 우리가 알 수 있다면 인공지능은 그와 같은 반복과 규칙을 이해하고, 해석하고 통제하는 데 들어가는 노력과 시간을 줄여주거나 해소해 줌으로써 미래 도시에서의 삶을 행복하게 해 줄 수 있을 것으로 기대해 볼 수 있다.

실제 최근 데이터 사이언스 분야에서는 도시라는 복잡계 속에서의 빅데이터의 수집과 해석을 통해 그동안 우리가 알지 못했던 미세먼지나 환경오염 문제의 발생 양상과 원인과 시점의 발견과 발생 이유 등을 인공지능 기술을 통해 파악해 냄으로써 사전에 이를 예측하거나 미리 방지하기 위한 노력을 통해 문제를 저감시키는 성과를 나타내기도 하였다.

이와 비슷한 인공지능의 연구로는 교통 체증 문제와 교통 흐름의 분석, 사람들의 교통수단 선택과 이용 패턴의 분석 등을 통한 도시 교통 흐름의 최적화와 교통수단의 분산 등을 통해 그동안 풀 수 없었던 고질적인 교통 체증 등 도시 교통 문제 해소에도 많은 성과를 보이고 있다고 할 수 있다.

이와 같은 많은 도시 문제를 해결하는 데 인공지능과 빅데이터 분석 기술을 활용할 수 있는 도시 분야는 무궁무진할 만큼 많다고 할 수 있다. 외국의 사례를 통해 볼 때 사회 저소득층의 분포와 극한 기후에의 대응 한계를 도시 열화상 위성 영상을 통해 파악하고 이를 사회적으로 해결하거나, 수많은 도시민의 민원 사항을 챗봇이나 인공지능 등을 통해 신속히 대응 및 분류하고 처리하여 해당 민원 업무를 보는 부서에 빠르게 전달함으로서 효율적으로 문제 처리를 해내는 등 점점 더 많은 긍정적인 사례들이 나타날 것으로 예측되고 있다.

최근 도시 계획 분야에서는 산업 사회에서의 수많은 도시 문제의 근본 원인을 용도 분리와 이에 따른 직주 분리 때문이라 판단하고 이를 새로운 관점에서 해결하려고 하는 시간 개념의 새로운 도시 관리 방안으로서 소위 크로노 어바니즘(Chrono Urbanism)을 모색하는 시도를 하고 있다. 이와 같은 도시에서의 15분 도시 개념과 같은 N분 생활권 단위 활동의 진단과 문제 원인 규명을 위해 서울과 같은 대도시에서의 다양한 활동 진단 지표와 유동 인구, 이동 패턴 등에 대한 빅데이터와 인공지능 분석이 필요하다.

또한 이러한 문제 해결을 위한 도시 계획 정책 다안의 수립과 정책 효과를 시뮬레이션해 보고 평가하기 위해서도 다양한 도시 상황을 가상의 도시 공간에서 모델링해 보는 소위 디지털 트윈 기술이 요구된다. 이를 통해 시행착오를 최소화하면서 비용 대비 효과를 극대화할 수 있는 최적의 대안을 빠르게 제시하고 적용하여 문제 해결을 할 수 있을 것이다.

물론 이런 도시 계획 기술 변화를 미래 도시의 문제 해결이라는 도시 혁신으로 이끌어내기 위해서는 현재의 수많은 도시 현상들을 담아내는 엄청난 데이터의 수집과 분석 그리고 이러한 도시 데이터의 표준화와 통합 작업 등이 필수적으로 요구된다.

또한 이를 분석 처리할 수 있는 인공지능 알고리즘과 평가 방법론 등이 구체화되고 상용화될 수 있도록 많은 노력이 이루어질 필요가 있다. 그러나 분명한 것은 AI 기반 미래 도시로서의 "AI 시티" 도시 계획은 인공지능과 기술 혁신을 통해 지금보다 더 나은 도시 환경을 실현시키는 데 도시 계획 측면에서 큰 진전을 이뤄낼 것임에 틀림없다. 그리고 시민들에게 맞춤형 정보와 편리한 서비스를 제공하고 기후 대응 등 지속 가능한 도시를 실현시켜 줄 것이다.

참고문헌

국토교통부(2019). "빅데이터 기반 인공지능 활용 미래 도시 계획 기술개발 기획연구". 국토교통기술진흥원(내부자료).

서울시 생활권 계획 홈페이지. https://planning.seoul.go.kr
서울특별시(2020). "미래사회 변화대응 2040 도시기본계획 수립 방향 연구". 서울연구원(용역보고서, 미공개).
이희정 외(2014). 《새로운 도시, 도시 계획의 이해》. 보성각.
As, I. et al.(2022). *Artificial Intelligence in Urban Planning and Design*. Elsevier.

02
미래 기술 변화와 Urban AI

5G, IoT, 스마트 센서 등의 발전은 도시 인프라를 지능화하고 있으며, AI는 이 기술들과 결합하여 도시 운영의 새로운 패러다임을 제시하고 있다.
미래 "도시 인공지능(Urban AI)"의 개념이 이러한 새로운 스마트 기술의 도시 적용에 관한 기본 방향을 제시하고 있으며, 스마트 시티 플랫폼의 구조와 기능, AI 기반 도시 최적화 방안과 시민 서비스 향상을 위한 미래 도시 비전을 제시하고 있다.

노래하는 AI 보컬?

기술 발전과 도시 계획 패러다임의 변화

패러다임이란 한 시대의 사람들이 가지는 견해와 사고를 지배하고 있는 이론적 틀이나 개념의 집합체를 의미한다. 이는 미국의 과학사학자이자 철학자인 토머스 쿤(Thomas Kuhn)이 그의 저서 《과학 혁명의 구조(The Structure of Scientific Revolution)》에서 새롭게 제시하여 널리 통용된 개념이다.

쿤에 따르면 하나의 패러다임이 나타나면, 이 패러다임에서 나타나는 갖가지 문제점들을 해결하기 위해 계속적인 연구와 탐구 활동을 하게 된다고 한다. 많은 경우 과학 혁명이 일어나면서 한 시대를 지배하던 패러다임은 사라지고, 새로운 패러다임이 그 자리를 대신하게 된다고 알려져 있다.

현재 제4차 산업혁명은 이러한 엄청난 과학 혁명의 산물이라 할 수 있다. 이는 오늘날의 산업화 사회를 촉발시킨 제2차 산업혁명에 비견될 만큼 인류 문명에 커다란 변화를 가져오고 있다고 평가되고 있다. 4차 산업혁명으로 통칭되는 5G, IoT, 클라우드, AI 등 디지털 기술의 혁신은 도시의 물리적 공간과 기능을 지능화하고 있다. 이는 단순한 정보화가 아니라 도시 운영 체계 전반의 재구성으로 이어진다.

도시는 점점 더 복잡해지고 있으며, 이에 따라 운영과 관리를 위한 기술의 중요성 또한 증대되고 있다. 도시의 교통 문제, 환경오염, 커뮤니티의 파괴, 기능주의 도시의 폐해 등의 문제점을 해결하기 위해 다양한 도시 스마트 센서들이 교통량, 대기질, 소음, 에너지 사용량 등 수많은 도시 데이터를 수집할 수 있다. 5G, IoT, 클라우드 컴퓨팅 등의 첨단 기술은 이런 도시 내 수많은 데이터를 실시간으로 수집하고, 연결함으로써 도시 운영의 효율성과 시민 편의를 크게 향상시킬 수 있다.

AI는 이러한 도시 데이터를 분석해 교통 흐름의 조정, 환경오염에의 대응, 범죄 위험 지역 예측 등의 의사 결정을 지원하고, 정밀화, 자동화할 수 있게 해 준다. 예를 들어, 실시간 교통 흐름 분석을 통해 신호 체계를 조정하거나, 미세먼지 농도 예측을 통해 일반 시민들에게 건강과 위생 정보를 제공할 수 있다. 사실 이미 우리나라에서도 자동차 내비게이션 서비스 등을 통해 실시간 교통 흐름을 이용한 AI 서비스를 이용해 일반 시민에게 희망하는 이동 지역으로의 최적 경로와 시간 및 선택 가능한 대안 제시 서비스를 하고 있다고 할 수 있다.

스마트 시티(Smart City)는 도시라고 하는 물리적 공간 위에 디지털 플랫폼이 결합된 새로운 개념의 미래 도시 모델이라 할 수 있다. 도시의 인프라, 행정 서비스, 시민 참여를 통합하는 플랫폼을 통해 도시를 운영하고 서비스하는 신개념의 도시다.

기술의 발전은 도시의 기능과 시민의 삶을 변화시킨다. 행정은 더 이상 단순한 규제와 공급의 주체가 아니라, 데이터를 기반으로 서비스를 조정하고 예측 가능한 도시 운영을 수행하는 역할로 전환된다. 이에 따라 도시 계획 역시 공공 기술 플랫폼과 연계된 유연한 구조로 재편되어야 한다. 미래 도시에서는 기술 변화에 능동적으로 대응하고, 이를 활용해 도시 문제를 사전에 해결할 수 있는 능력이 중요해진다. 이러한 능력에 따라 도시의 수용 용량도 관리 역량도 도시의 성능과 수준도 달라질 수 있는 것이다.

최근 이와 같은 미래 스마트 시티는 우리나라를 포함해 유럽과 미국, 중국과 아시아 등 전 세계적으로 이미 활발한 연구와 개발이 이루어지고 있으며, 실증적인 많은 실험 도시들이 탄생하여 운영되고 있다고 할 수 있다. 우리나라에서만도 이미 30여 개 이상의 스마트 시티가 다양한 규모와 형태별로 조성되어 운영되고 있다. 그리고 최근에는 앞서 언급한 새로운 AI 시티 개념을 채택한 새로운 형태의 스마트 AI 시티 모델에 대한 논의가 진행되고 있다.

이 AI City 개념은 "인공지능 + 도시"의 결합으로, 첨단 기술을 활용해 도시 문제를 해결하고, 스마트하고 지속 가능한 미래 도시를 실현시킬 수 있는 최첨단 스마트 시티의 업그레이드된 버전으로서의 새로운 도시 모델이라 할 수 있다. 이런 도시에서는 AI가 도시 전반을 통제, 최적화하여, 시민 삶의 질과 행복을 능동적으로 실현할 수 있다는 것이다.

AI는 도시 문제 해결의 새로운 해법을 제시한다. 교통 정체 해소, 범죄 예방, 에너지 효율화 등에서 AI는 과거 데이터 분석을 통해 미래를 예측하고, 그에 따라 최적의 대응책을 제시할 수 있다. 예를 들어 머신러닝 기반 예측 시스템은 도시 내 차량 흐름을 분석해 정체가 예상되는 구간에 대해 사전 조치를 취하게 하며, 자율 주행 교통 인프라와 연계되어 스마트 모빌리티 시스템의 핵심을 구성한다. 그럼으로써 싱가포르에서와 같이 교통 체증 없는 도시, 행복과 삶의 질을 높이는 새로운 시간 개념의 크로노 어바니즘(Chrono Urbanism) 도시를 실현한다.

기술 기반 미래의 도시 AI(Urban AI)

미래 기술 기반의 도시에서는 기술 변화에 능동적으로

대응하고, 이를 활용해 도시 문제를 사전에 해결할 수 있는 능력이 중요해진다. 미래 도시 계획에서 요구되는 이런 기술 기반을 "도시 인공지능(Urban AI)"이라는 개념으로 이해할 수 있다. Urban AI는 단순한 기술 도입을 넘어, 도시의 가치와 기능을 재정의하는 새로운 도구로서 기능한다. 미래 도시 계획가는 이러한 기술의 발전 속도를 이해하고, 이를 기존 도시 계획에 접목시켜 보다 효과적으로 도시 정책과 계획으로 통합할 수 있는 능력이 요구된다.

"Urban AI"란 개념의 정의는 도시(Urban) 환경 속에서 인공지능(AI) 기술을 활용하여 도시의 다양한 문제를 해결하고, 도시의 관리와 운영, 계획 및 통제 등을 통해 서비스 향상을 도모하는 일련의 활동들을 의미한다. 이는 스마트 시티 구현을 위한 핵심 기술로, 데이터 분석, 센서 네트워크, 머신러닝, 빅데이터, 사물인터넷(IoT) 등을 결합하여 도시 인프라, 교통, 환경, 안전, 에너지, 시민 참여 등을 효율적이고 지속 가능하게 관리하는 것을 목적으로 한다.

이를 보다 구체화하면 다음과 같다. 우선 도시 곳곳에 설치된 센서와 디바이스로부터 수집된 데이터를 분석하여, 환경 상태, 교통 흐름, 공공 안전 등을 실시간으로 모니터링하고 대응한다. 그리고 AI 알고리즘을 이용해 도시 문제를 미리 예측하고, 최적의 해결 방안을 도출한다. 또한 스마트 앱과 플랫폼을 통해 시민의 요구와 의견을 수렴하고, 맞춤형 도시 서비스를 제공한다. 이렇게 함으로써 에너지 효율, 환경 보호, 교통 정책 등에서 AI를 활용한 지속 가능한 도시 발전 전략을 실현시킨다.

요약하면 Urban AI는 도시의 복잡한 데이터를 분석하고, 인공지능 기술을 접목하여 더 스마트하고, 효율적이며 살기 좋은 도시를 만드는 일련의 혁신적 전략이자 기술인 것이다.

Urban AI와 AI City의 공통점과 차이점을 비교하면 다음과 같다. 우선 공통점으로는 두 개념 모두 도시의 효율성, 지속 가능성, 시민 삶의 질 향상을 위해 인공지능 기술을 활용한다는 데 있다. 또한 다양한 기술로서의 센서, 빅데이터, IoT, 머신러닝 등 인공지능 관련 기술이 핵심으로 사용되며, 도시 전반에 걸쳐 통합적이고 스마트한 운영을 지향한다는 점이다. 이는 실시간 데이터 수집과 분석을 통한 문제 예측 및 데이터 기반 의사 결정을 통한 최적의 정책 및 운영 방향을 제시할 수 있다는 강점을 가지고 있으며, 둘 다 도시 인프라(교통, 환경, 에너지 등)의 자동화와 최적화를 추구하는 새로운 스마트 시티 기술과 시스템을 갖추고 있다.

그러나 차이점으로는 Urban AI는 도시 내 특정 문제 해결이나 솔루션 제시에 집중된 개념인 반면 AI City는 도시 전체를 포괄하는 종합적이고 통합된 도시 전반의 운영시스템 혹은 도시 자체를 말한다. 즉, Urban AI는 특정 분야와 도시의 부분적 또는 맞춤형 기능 향상에 초점을 두고 AI를 활용하는 데 집중하는 반면, AI City는 AI를 활용해 도시 전체의 효율과 지속 가능성을 모색한다. 개념적으로 Urban AI는 기술 또는 프로젝트 중심의 분야별 솔루션 수준의 개발과 활용 내용을 말하는 반면 AI City는 보다 도시 인프라와 전체 시스템 차원에서의 전략 및 전망과 비전을 포함한 통합적이고, 복합적인 생태계 형성 모두를 다루는 미래 도시 자체의 도시 관리 운영시스템 혹은 도시 자체를 의미한다고 할 수 있다.

참고문헌

국토교통부(2014). "국토이용 및 도시 계획체계 개편 연구".

김동한(2024). "빅데이터 인공지능 활용 도시 계획기술". 대한국토도시 계획학회 추계학술대회 특별세션 발표자료.

이세원(2024). "도시 AI(Urban AI) 구현을 위한 정책방향과 과제". 국토연구원.

이희정(2017). 《맞춤형 도시 계획》. 커뮤니케이션북스.

이희정 외(2014). 《새로운 도시, 도시 계획의 이해》. 보성각.

최막중 외(2015). "지역맞춤형 공간계획 체계로의 개편". 《도시정보》, 287, 2~22쪽.

토머스 쿤(2013). 《과학혁명의 구조》. 김명자·홍성욱 옮김. 까치.

03
빅데이터와 미래 도시 계획

도시 계획은 데이터 기반으로 전환되고 있으며, 빅데이터는 시민의 행동 패턴과 환경 변화에 이르기까지 폭넓은 통찰을 제공한다. 교통, 환경, 시민 참여 데이터 수집 및 분석 방법, 빅데이터 시각화와 정책 의사 결정 지원 도구 개발, 데이터 기반 도시 문제 해결 방안, 시민 참여 플랫폼을 통한 의사 결정의 투명화 등 다양한 AI 융합 빅데이터 분석 모델의 활용 가능성을 제시한다.

인공지능과 편향?

도시 계획에서의 빅데이터

도시 계획은 다양한 분야의 학문이 결합된 다학제적인 종합 분야다. 따라서 도시 계획 분야는 전통적으로 많은 양의 데이터에 의존할 수밖에 없다. 계획가들은 공간 분석을 도출하고, 예측, 가정 등을 평가하며, 추정과 미래 변화 도출을 위해 수많은 표와 그래프 및 지도를 활용한다.

20세기 후반에 지리 정보를 지역의 계층별 데이터와 결합한 지리 정보 시스템(GIS, Geographic Information Systems)이 도입된 이후 최근의 인공지능과 빅데이터의 획기적인 발전과 활용은 도시 계획에 새로운 시각과 혁명적인 변화를 제공하고 있다. 대규모 데이터를 분석하여 교통 흐름, 환경 변화, 시민 참여 등을 파악하고, 이를 기반으로 더 효율적이고 정확한 정책 결정을 내릴 수 있다.

도시 계획가들은 합리적인 도시 계획 실현을 위해 도시 규모의 데이터를 다루는 것에 익숙했기 때문에 자연스럽게 빅데이터와 인공지능 기술을 활용하였다. 여기서는 도시 계획에 활용되는 빅데이터가 어떠한 것이 있으며, 이를 도시 계획에서는 어떻게 활용할 수 있는지에 대해 구체적으로 살펴보도록 한다.

도시 계획에서의 빅데이터는 기존의 전통적인 통계자료나 설문조사보다 훨씬 더 크고, 빠르고, 다양하며,

실시간에 가까운 데이터를 의미하며, 도시의 공간 구조와 사람들의 활동을 더 정밀하고 동태적으로 파악하는 데 활용된다.

이러한 도시 계획에서의 빅데이터는 교통, 통신, 위치, SNS, 카드 결제 데이터와 사물인터넷(IoT) 센서 등 다양한 도시 활동에서 발생하는 정형, 비정형 데이터 그리고 공공과 민간의 대규모 데이터를 포함한다. 이러한 도시 빅데이터는 도시 문제를 보다 정량적이고 실시간으로 분석할 수 있게 해 주며, 정책 수립, 예측, 평가 등 전반적인 도시 계획 과정을 혁신적으로 변화시키고 있다.

도시 계획에서의 빅데이터의 실제 활용과 관련하서는 먼저 토지 이용 분석을 위하여 건축물의 용도, 상권 유동 인구, 주거-상업 혼합도 등의 활용을 들 수 있다. 그리고 교통 계획을 위해서는 모빌리티 데이터, 버스, 지하철 이용 데이터 분석 등을 활용할 수 있다. 또한 상권 분석과 지역 활성화 분석을 위해서는 카드 매출 데이터와 유동 인구 데이터 등을 통한 상권 규모 및 유형을 파악할 수 있으며, 휴대폰 기반 생활 인구 데이터로 주야간 인구 이동 흐름을 분석 활용할 수도 있다.

또한 환경 및 기후 변화에의 대응과 관련해서는 도시 열섬 현상, 미세먼지 농도 실시간 모니터링 등을 통한 센서 데이터 등을 활용할 수 있고, 재난과 방재에 대응하기 위해 재난 발생 인구 밀집 지역 실시간 데이터 파악 및 대피 계획 수립 등을 추진할 수 있다.

앞으로 많은 AI 스마트 시티에서는 도시의 센서, CCTV, IoT 기반 도시 상태의 실시간 모니터링 및 빅데이터의 수집 등을 통하여 현재 도시에서 일어나고 있는 상황을 즉각적으로 파악할 수 있으며, 지역별, 시간대별로 매우 세밀한 도시 분석이 가능해질 것으로 예측된다. 또한 이를 바탕으로 주민의 실제 행태에 기반한 데이터로 정책 수립이 가능하여 정책의 타당성을 제고할 수 있고, 머신러닝 등을 활용한 도시 변화 예측 가능성을 강화할 수 있을 것이다.

그러나 이러한 도시 빅데이터에는 여러 가지 한계와 유의점도 존재한다. 실제 이와 같은 도시 빅데이터는 민감한 개인정보와 위치 정보를 포함한 프라이버시 문제를 가지고 있으며, 또한 고령자와 사회적 약자가 가지는 계층 특성상 한계로 도시 빅데이터는 특정 계층과 연령에 편중된 데이터로 대표성에 한계가 존재할 수 있다. 그리고 많은 경우 상관성을 이해하고 설명하는 데 도움이 될 수 있으나, 이것이 곧 인과 관계로 해석될 수 있을 지는 보다 면밀한 검토 과정이 필요하다. 또한 기술이 가지고 있는 알고리즘상의 오류와 한계, 그리고 도구로서의 제약 등에 대한 명확한 이해와 인식이 전제되어야 할 것이다.

도시 계획의 데이터 기반 전환

여러 가지 한계에도 불구하고, 도시 빅데이터는 도시 계획과 정책 수립에 중요한 자원이다. 도시 계획 데이터를 어떻게 수집하고, 분석할 것인지 그리고 데이터를 기반으로 한 의사 결정 시스템을 어떻게 구축할 것인지 많은 고민이 필요하다.

과거 전통적으로 도시 계획은 정치경제학적 혹은 사회과학적 영역에서의 정책 수립 과정으로 이해되는 경우가 많았다. 많은 경우 이는 사회적 갈등의 단초가 되고 있는 것이 사실이었다. 즉, 아전인수식의 자료 수집과 분석 그리고 이를 바탕으로 한 정책 결정은 객관성과 신뢰성에 커다란 의문점을 야기하기도 하였다. 이에 따라 도시 계획 규제와 정책이 신뢰성과 사회적 안정성을 저해할 수 있다는 우려가 확산되고 있었던 것이 그 대표적 예라 할 수 있다.

도시 계획의 객관성과 신뢰성, 윤리 의식이라는 사회적 합의의 필요성과 최소한의 안정성을 담보할 수 있기 위해서는 가능한 분석 과정에 대한 보다 명확한 투명성과 사회적 합의 과정의 도입 필요성이 언급되고 있다. 이것이 도시 계획 분야가 데이터 기반의 의사 결정 체계로의 전환을 요구받고 있는 직접적인 배경이 된다고 할 수 있다.

급변하는 기후 변화와 기술 변화는 당연하게도 기존 도시 사회에 커다란 위기와 갈등을 야기할 수밖에 없다. 그리고 이런 위기와 갈등을 미리 예측하고, 효과적으로 대응하기 위해서는 다양한 도시 빅데이터 등을 분석하고 처리하여 대응력과 회복력을 극대화하는 것이 필요하다고 할 수 있다. 그리고 이러한 엄청난 도시 빅데이터의 처리와 분석을 위해서는 인공지능 기술 등 새로운 기술이 반드시 요구된다.

그러나 동시에 이러한 인공지능 기술과 도시 혁신이 또 다른 사회 갈등과 인류의 생존에 위협을 줄 수 있다는 우려도 함께 제기되고 있는 것이 사실이다. 결국 미래 변화에 현명하게 대응하고 부정적 파급 효과는 최소화하면서 긍정적 시너지를 극대화할 수 있느냐의 여부는 그 도시에 미래를 좌우할 수 있으며, 이는 결국 도시 사회와 구성원들의 역량과 노력 여하에 달려 있다고 할 수 있다.

이와 아울러 도시에서 수집되는 다양한 데이터의 효율적인 수집과 관리 운영 방식 자체에 대해서도 많은 고민이 필요하다. 도시, 교통, 환경, 시민 참여 데이터는 다양한 센서와 디지털 플랫폼을 통해 수집할 수 있다. 이러한 데이터를 어떻게 수집하고, 관리하는 것이 비용 대비 가성비를 높일 수 있을지에 대해서도 많은 노력이 필요하며, 또한 이런 데이터의 품질을 보장하는 방법에 대해서도 고민이 필요하다.

우리나라의 많은 도시들도 도시 데이터로서의 건축물, 토지 이용, 밀도와 혼합도 그리고 교통 데이터로서의 교통 흐름, 이동 패턴, 혼잡도 등과 환경 데이터로서의 대기 질, 미세먼지, 온도 등의 수집과 모니터링을 보다 체계적으로 대응하고 준비할 필요가 있다. 그리고 이와 함께 실제 시민 사회의 요구, 의견, 활동 등도 함께 수집, 분석하여 정책 개선에 반영할 수 있도록 하는 방법 등에 대한 면밀한 검토와 준비가 필요하다.

그리고 한편에서는 이렇게 수집된 데이터의 시각화를 통해 복잡한 데이터의 이해를 쉽게 하기 위한 노력 또한 필요하다. 정책 결정자나 이해 관계자로서의 일반 시민들은 중요한 결정을 내릴 때 어려운 수치나 표보다는 이해하기 쉽고, 명확한 자료를 활용하기를 기대하며 이럴 때 도시 계획 빅데이터를 시각적으로 잘 표현하고, 전달하는 것은 보다 효과적인 의사 결정 지원에 큰 도움이 될 수 있다.

결국 이러한 빅데이터 공유 플랫폼은 시민 참여를 증진시키고, 도시 계획의 투명성을 높이는 데 중요한 역할을 할 수 있다. 그리고 이는 다양한 이해관계자들이 관여된 도시 계획의 사회적 비용 최소화와 신속한 의사 결정을 이끌어내는 데 도움이 된다.

이를 위해서는 증거 기반 혹은 데이터 기반의 계획적 뒷받침이 반드시 이루어질 필요가 있다. 이렇게 함으로써 불필요한 사회적 갈등의 시간적, 경제적 비용을 최소화하고 보다 효과적으로 미래 도시 계획의 관리 운영이 이루어질 수 있지 않을까 기대해 본다.

참고문헌

국토교통부(2019). "제3차 스마트도시종합계획 2019~2023".

국토교통부(2019). "빅데이터 기반 인공지능 활용 미래 도시 계획 기술개발 기획연구". 중간평가자료, 국토교통기술진흥원.

권용우·변병설(2008). 《우리도시바로알기》. (사)국토지리학회.

김동한(2024). "빅데이터 인공지능 활용 도시 계획기술". 대한국토도시 계획학회 추계학술대회 특별세션 발표자료.

서울연구원(2016). 《저성장시대 서울도시정책을 말하다》. 한울.

이희정 외(2014). 《새로운 도시, 도시 계획의 이해》. 보성각.

최창용·이태준(2017). "정책과정 변화를 통한 정부신뢰 제고 방안". KDI 중장기전략 세미나 발표자료.

04
인공지능과 미래 도시 계획

AI는 기존의 도시 계획 방식을 혁신적으로 재편하고 있으며, 인간 전문가와 협업을 통해 더 나은 계획 수립을 지원한다. 공간 분석 및 시나리오 작성에 AI의 활용과 AI 기반 정책평가 및 우선순위 도출, AI를 활용한 도시 계획 및 도시설계, 공간 재구조화와 재개발 방향 수립 등 AI 도입을 통한 새로운 인간-AI 협업 모델의 제안과 이에 따른 제반 윤리적 문제와 데이터 품질 등 한계에 대해 살펴본다.

청각장애인과 AI?

도시 계획에 도입되는 AI 기술

AI는 데이터를 분석하고, 예측을 수행하며, 효율적인 정책 결정을 돕는 중요한 기술이다. 과거 단순한 머신러닝이나 반복작업을 중심으로 발전한 AI 기술은 최근 소위 생성형 AI 기술과 같은 급격한 기술발전을 이루고 있으며, 현재도 하루가 다르게 그 기술의 발전속도가 가속화되고 있다고 하겠다.

도시 계획 분야에 도입되는 AI 기술로는 공간 분석, 시뮬레이션, 예측 모델링, 자동화 설계 등이 있다. 이러한 기술들은 계획 수립 과정의 속도와 정확도를 높일 수 있다. 먼저 공간 분석에서 AI는 인구밀집지역, 상업지구, 주거지구 등의 특성을 분석하고, 이를 바탕으로 효율적인 공간배치를 제시할 수 있다. 또한 단순한 공간배치 계획 설계가 아니라 AI 기반 공간 시뮬레이션을 통해 도시 개발 및 정비 시 AI가 다양한 대안을 제시 이를 시뮬레이션 해 볼 수 있다. 예컨대 용도지역지구 변경이 교통에 미치는 영향, 재개발에 따른 인구증가와 이동 등의 영향을 시각적으로 예측해 보여줌으로써 이해관계자와 정책 결정자들의 이해관계 조정과 정책 의사 결정을 도울 수 있을 것이다.

또한 과거 데이터에 기반한 정책 효과 분석과 미래 정

책의 시뮬레이션이 가능하며, AI는 수많은 변수들 속에서 최적의 도시정책 평가와 정책 결정의 최적화를 도출해 낼 수 있게 도와준다. 아울러 만약 일정 수준의 표준화된 계획 과업 예컨대 주차장 입지선정이나 공원 배치 등에 있어서는 계획 자동화를 통한 효율적인 계획 및 설계를 지원할 수 있다.

AI를 도시 계획에 도입한 다양한 실제 사례들을 살펴보면 많은 경우 효율적인 공간 배치를 보다 빠르게 보다 효과적으로 계획 및 설계할 수 있게 하거나, 교통 및 환경 등을 고려한 최적화된 프로젝트를 수행하는 데 큰 역할을 할 수 있음을 알 수 있다. 그러나 AI 기반 도시 계획이 많은 장점을 가지고 있기도 하지만, 한계 또한 존재한다. 우선은 데이터의 품질 문제와 표준화된 데이터의 구축 등이 선결되어야 한다는 것이다. 우리나라 정부에서도 이에 대한 중요성을 인정하고 모든 데이터가 연결되는 '디지털플랫폼' 위에서 국민, 기업, 정부가 함께 도시 데이터 구축과 새로운 가치를 창출해 나가는 미래 정부 구현이라는 소위 디지털 플랫폼 정부로의 전환을 국정 당면과제로 제시하고 실천에 박차를 가하고 있다 하겠다.

도시 계획가와 AI의 협업

인공지능(AI)은 데이터를 분석하고 예측하는 데 뛰어난 능력을 가지고 있다. 하지만, 최종적인 정책 결정은 인간 도시 계획 전문가의 판단이 필요하다. 왜냐하면, 많은 경우 도시 계획은 도시에서의 재산권과 개인의 생존에 영향을 미치는 매우 정치적이고, 민감한 의사 결정을 수반하는 어려운 작업이다. 따라서 그 어떤 사람도 기계에게 자신의 운명을 맞기고 그 결정을 받아들일 마음의 준비가 되어있지 못하다고 할 수 있다.

그럼에도 불구하고 AI는 도시 계획에서 중요한 도전과제를 해결하는 데 커다란 잠재력을 가지고 있다 할 수 있다. 따라서 AI의 장점과 한계를 충분히 인식하고, 이를 적절히 활용하는 것 또한 매우 중요하다. 결국 미래 도시 계획은 AI와 인간 도시 계획 전문가들이 협력하는 협업 모델로 나아가야 한다.

AI 기반 도시 계획은 궁극적으로 도시 계획 결정을 하는 정책결정자와 이해관계자 그리고 도시 계획 전문가 사이에서 그 결정을 도와주고, 용이하게 해 주는 지원 도구라 할 수 있을 것이다. 실제 공간 분석 도구, 정책 평가 도구, 시나리오 및 대안 검토 도구 등 다양한 AI 도구들이 도시 계획에 활용될 수 있다. 즉, 다시 말해서 AI는 도시 계획 전문가를 대체하는 것이 아니라 협력 파트너로 기능하는 것이다. 실제 도시 계획 전문가의 직관과 경험에 기반한 의사 결정을 AI가 도와주고 보완해 주는 하이브리드식 접근방식이 요구된다 하겠다.

최근 이러한 인공지능 기술은 공간 분석 분야에 접목되어 지능형 분석수단으로 적극 활용되고 있으며, 공간 분석의 시장규모 확장에 크게 기여하고 있다(한국신용정보원, 2020). 현재 예상되는 국내 인공지능 시장규모는 2018년 약 1조 원 규모에서 2019년 약 1.5조 원으로 연평균 40% 증가하고 있으며, 2025년까지 성장세가 가속화되어 약 11조 원 규모의 시장을 형성하는 것으로 파악되고 있다.

도시 계획분야에서도 인공지능과 데이터의 결합, 관련 분야에 대한 정부의 꾸준한 관심 및 투자로 국내 도시 계획 빅데이터 및 인공지능 분석시장도 장래 꾸준한 성장이 기대되고 있다. 실제 정부와 민간에서도 다양한 도시 계획 빅데이터 관련 투자 확대와 사업모델 발굴을 통해 도시 계획분야 발전 및 활용 기반 마련을 위한 다각적인 노력을 확대하고 있다.

AI 네이티브 도시 계획의 등장

최근 논의되고 있는 AI 네이티브(AI-native) 도시 계획은 분명 이전의 도시 계획 혹은 앞서 다루었던 소위 AI 기반(AI-based) 도시 계획 혹은 AI 지원(AI-aided) 도시 계획과는 또다른 관점의 이해를 요구한다 하겠다. 즉, 여기에서 말하는 AI 네이티브 도시 계획은 다른 말로 AI가 주도하는 도시 계획이란 의미의 'AI 주도 도시 계획'으로서 미래에는 단순히 지원기능만을 하는 AI가 아닌 AI 스스로 기술혁신을 통해 보다 주도적으로 도시 계획 전반을 이끌고 나가는 단계로 진화한다는 것을 의미한다.

이러한 AI 주도 도시 계획을 뒷받침하는 핵심적인 기술기반으로 인간화 AI(Humanize AI) 혹은 AI 인간(Human AI) 기술단계와 피지컬 AI(Physical AI) 기술을 함께 이야기한다. 우선, 피지컬 AI는 로봇, 자율주행차, 스마트공간 등 자율 시스템이 실제 물리 세계에서 사물을 인지하고, 이해하며 복잡한 행동을 수행할 수 있도록 해주는 기술을 의미한다. 이는 최근 거대언어모델(LLM) 기반의 생성형 AI의 언어, 이미지 기술 단계를 넘어 3차원 공간과 물리적 법칙을 이해하고 활용하는 '생성형 피지컬 AI'로서 디지털을 넘어 현실에서 작동하는 센서, 시뮬레이터, 디지털트윈이 결합된 새로운 생태계를 말한다.

그리고 이는 다음 단계로서의 인간화(Humanize) AI 혹은 AI 인간(Human AI) 기술로의 발전을 이야기한다. 여기서 Human AI는 인공지능이 인간의 사고, 감정, 행동을 모방하거나 인간과 유사한 방식으로 작동하는 기술 및 사고체계를 가지는 것을 의미한다. 최근에 AI가 생성한 콘텐츠들이 사람이 직접 작성한 것처럼 보이게 하는 기술발전이 급격히 진전되면서 이 개념은 더욱 주목받고 있다.

실제 도시 계획 분야에서도 이와 같은 급격한 AI 기술 발전이 이루어지면 궁극적으로는 AI 네이티브 도시 계획 즉, AI 주도 도시 계획으로 진화할 수 있을 것으로 전망하고 있다. 과연 AI가 주도하는 도시 계획은 어떤 긍정적인 측면과 부정적인 측면을 가지게 될까가 초미의 관심사다. AI가 인간의 유전적 진화, 사회적 관계, 지적 능력 등 다양한 영역에까지 영향을 미칠 수 있다는 것은 단순히 기술적 측면만이 아니라 엄청난 사회적 논란을 불러일으킬 수 있다. 이는 도시 계획 분야에서도 다양한 윤리적, 철학적 이슈와 쟁점을 제기할 수 있을 것이다.

AI 도시 계획의 원칙과 철학

AI는 분명 도시 계획 도구로서 강력한 수단이 될 수 있다. 그러나 도시는 단순한 데이터의 집합이 아니라, 기억과 정체성, 권력과 갈등, 희망과 우려가 얽혀 있는 삶의 공간이다. 따라서 도시 계획에서 AI를 활용한다는 것은 단순한 기술적 판단만이 아닌 인간에게는 매우 중요하고 의미 있는 철학적 결정을 내리는 일이기도 하다.

즉, 기술은 도구일 뿐이다. 그 도구를 어떻게 설계하고, 누가 쓰느냐에 따라 도시의 미래는 달라진다. AI 기반 도시 계획은 이제 시작되었으며, 앞서 살펴본 AI지원 도시 계획 혹은 AI주도 도시 계획으로의 진화와 실험은 계속되고 있다. 앞으로 남은 과제는 이 실험들을 어떻게 사람중심의 도시 계획 원칙과 조화시켜 나가고, 제도와 정책으로 자리매김 시킬 것인가 하는 것이다. 정책 목표와 기술적 가능성 사이에는 균형이 필요하다. AI 기반 도시 계획은 단순히 기술을 적용하는 데 그치지 않는다. 이는 실제 도시의 생태적 가치와 경제적, 사회적 지속 가능성을 동시에 고려한 새로운 미래 도시 계획의 실험이며, 혁신적인 미래 도시 계획의 평가와 검증체계의 구축인 것이다.

미래 도시 계획은 이와 같은 측면에서 더 이상 하나의 계획안에 끝나지 않는다. 이는 지속적으로 학습하고, 수정하는 살아있는 프로세스다. AI 기반 도시 계획은 이러한 이상을 실현시켜 줄 수 있는 매우 훌륭한 도구인 것이다.

미래에는 소위 맞춤형 국토도시관리를 위한 분권적 국토도시관리운영체제를 빅데이터와 인공지능 기반의 미래 국토도시 계획 기술을 바탕으로 실현해 냄으로써 국민 한 사람 한 사람과 직접 소통하는 혁신적 인터랙티브 행정체제 구현이 가능해질 것이라 기대된다. 이를 통해 미래에는 지역 맞춤형 국토도시 공간관리와 직접적인 주민참여를 통한 지역환경 재구조화가 실현될 수 있을 것이다.

AI주도 도시 계획이 미래 새로운 AI 기술발전으로 인해 필요하고, 가능해진다 하더라도 이상과 같은 AI 도시 계획의 궁극적인 사회적 가치와 지향점이 변하여서는 안 될 것이다. 도시와 도시 계획의 존재이유는 원칙적으로 인간중심 사회의 실현에 있다. 그리고 이를 위한 AI 도시 계획의 필요성과 철학적 지향점 또한 인간의 행복추구와 미래 도시 계획 패러다임이 지향하는 도시 실현에 있어야 할 것이다.

참고문헌

과학기술정보통신부(2020). "대통령 디지털정부 국정보고 자료".

김예승(2016). "스마트시대의 주민참여방안 모색". 《제주발전포럼》, 60. 제주발전연구원.
박재현(2019). "정부 공공빅데이터 통합 플랫폼 구축(인도네시아)". 《세계도시정책동향》, 449. 서울연구원.
최희영 외(2018). "국·공유지의 활용 제고를 위한 데이터관리방안 연구". 《도시설계》, 19(3), 47~58쪽.
한국신용정보원(2020). "한국 공간분석시장동향 전망".
As, I. et al.(2022). *Artificial Intelligence in Urban Planning and Design.* Elsevier.
Peng, Z. R.(2025). Symbiotic Planning: The CORE (Collaboration, Options, Refinement and Execution) Framework. ACSP AI Workshop.

05
AI 기반 도시 조사와 도시 특성 규명

도시 인프라, 인구 분포, 사회 경제적 요소 분석 등 다양한 도시 특성 분석에 AI와 GIS, 머신러닝을 결합하여 보다 정밀한 조사와 분석을 수행할 수 있다. 이를 통해 머신러닝 기반 도시 유형 분류, 데이터 기반 미래 특성 파악 등 AI 기반 미래 도시 예측의 정확성 제고와 조사 도구의 활용성 증진 등에 다양한 노력을 기울일 필요가 있다.

AI 콘텐츠 크리에이터?

도시 조사와 분석 방법의 진화

도시 조사는 그동안 현장 조사, 통계 조사, 설문조사 등을 통해 수행되어 왔다. 그러나 이러한 방식은 공간적으로 전수 조사가 어렵다는 한계와 함께 시의성도 떨어진다는 문제점을 가지고 있다. 특히, 급속하게 변화하는 현재의 도시 상황에서는 데이터 갱신 주기와 실제 도시에서의 변화 사이에 간극이 커질 수밖에 없으며, 그렇다고 현장 기반 조사를 통해 실질적인 의사 결정을 하기도 어려운 실정이다.

이런 측면에서 AI는 도시 조사의 새로운 패러다임을 제시할 수 있다. 예컨대 휴대 전화 위치 데이터, 카드 소비 데이터, SNS 활동 데이터, CCTV 영상 데이터 등 다양한 디지털 데이터를 활용해 도시의 실시간 활동 흐름과 패턴을 분석할 수 있다면 훨씬 정교하고, 실질적인 의사 결정을 진행하는 데 도움을 줄 수 있을 것이다.

실제 최근 도시 계획 분야에서는 이러한 데이터를 활용하여 도시 내 인구 밀도, 유동 인구 흐름, 상권 변화, 생활 패턴 등을 AI를 통해 실시간으로 분석하여 활용하고 있으며, 이는 기존 도시 계획 분야에 커다란 인식 변화를 불러오고 있다.

전통적인 도시 계획의 흐름은 보통 현황 분석을 통해

문제 진단을 하고, 이를 바탕으로 계획 목표의 설정과 대안의 설계 그리고 이를 실천하기 위한 실행 계획을 마련하는 순으로 진행된다. 그리고 이것을 실무 현장에 적용해 보고, 이해관계자들의 의견을 들어 평가 및 환류 과정을 통해 최종 수정과 구체화 작업을 진행하는 것이 일반적이다.

그러나 AI 기반의 도시 계획 체계에서는 실제 많은 시간이 소요되는 현황 분석 작업을 통계 자료와 실시간 센서 등을 연계한 빅데이터 분석을 통해 압축적이고, 효과적으로 줄일 수 있다. 미래 AI 에이전트 기술의 발전과 관련해서는 이 단계를 지각 혹은 인식(Perception)의 과정으로 이해하고 다양한 카메라, 마이크 등 센서나 API(프로그램 간 인터페이스, Application Programming Interface) 데이터 등을 통해 도시의 외부 환경을 인식하게 된다고 한다.

그리고 과거에 단순히 수많은 이해관계자들과 전문가의 판단에 의해 진행되던 문제 진단도 AI 기반의 알고리즘을 통한 데이터 기반 분석으로 대체되거나 보완될 수 있다. 즉, 이 또한 AI 에이전트 단계에서는 수집된 정보를 바탕으로 현 상황을 분석하고 목표를 세우며, 적절한 계획을 추론(Reasoning) 및 기획(Planning)하는 과정을 거치게 된다고 말한다.

구체적인 도시 계획의 목표 설정과 이를 바탕으로 한 대안 설계(Action)도 시민의 의견을 들어 실시간적으로 다양한 대안과 시나리오의 생성 및 비교를 통해 훨씬 능동적이고, 참여적인 계획의 구체성을 이루어낼 수 있게 된다.

또한 도시 계획의 결정이 이루어지면 적게는 몇 개월에서 많게는 수년이 소요되는 계획의 적정성 평가에 대한 피드백도 디지털 트윈 기반의 AI를 활용한 시뮬레이션 평가 등을 통해 훨씬 실효성 높고, 구체적인 실행 계획의 마련과 실시간 모니터링 및 주기적 평가를 통한 계획의 적정성을 학습(Learning) 및 재조정(Restructuring)해 나갈 수 있게 해 줄 것이다.

하지만 실제 도시 계획에 이를 적용시키기 위해서 기반 인프라가 반드시 필요하다. 즉, 수많은 공공 데이터, 민간 데이터의 공간 통합과 표준화가 이루어지고, 이를 연동하는 시스템 연계 혹은 신규 시스템의 도입 및 실질적인 플랫폼화가 요구된다. 현재 국토교통부에서는 이를 위한 정부 R&D 연구를 2022년부터 2027년까지 단계적으로 진행하고 있다.

데이터 기반 도시 분석

기술은 도구이지 목적은 아니다. 도시 계획은 실질적으로 사회적 가치를 실현시켜 나가는 중요한 작업이라 할 수 있다. 그러나 그동안의 도시 계획은 지나치게 정치적인 의사 결정과 힘의 논리에 기반하여 계획적 합리성을 위협받아 왔다고 할 수 있다.

AI 기반의 도시 계획 기술 체계는 이러한 정책가의 판단이나 계획가의 고민 그리고 시민의 재산권과 삶에 미치는 영향을 고려한 보다 투명하고, 효과적인 의사 결정 구조와 계획을 실현하는 데 도움을 줄 수 있을 것이다.

이를 위해서는 AI 의사 결정 구조를 계획가와 시민이 이해할 수 있어야 한다. 그리고 AI가 왜 그런 결론을 도출했는지를 설명하고 이해할 수 있어야 한다. 또한 AI 시스템의 의사 결정 과정에 시민과 이해관계자가 깊이 참여할 수 있도록 해야 할 것이다. 이것이 미래 인간 중심의 데이터 기반 도시 계획의 원칙과 기본이 되어야 한다.

이와 같은 원칙하에 도시 계획에서는 딥러닝 기반의 인식 기술을 바탕으로 건축물 형태, 도로 폭, 가로수, 간판 유형, 보행자 흐름 등을 자동으로 인식하고, 이를 통해 도시의 물리적 특성을 분석할 수 있다. 예를 들어 구글 스트리트 뷰나 드론 영상 데이터를 학습시켜, 지역별

가로 환경을 비교 분석하고, 도시의 미관 또는 안전성과 관련된 요소를 수치화할 수 있으며, 이를 통해 도시 문제를 해결할 수 있다.

또한 특정 지역의 유동 인구 변화와 소비 트렌드를 통신사 데이터와 카드 매출 데이터를 활용하여 정밀하게 파악할 수 있다. AI는 이러한 데이터를 학습하여, 상권의 성장 가능성, 쇠퇴 요인, 점포 유형 변화 예측 등 도시 계획 및 지역 경제 정책에 활용 가능한 다양한 정보를 가공할 수 있다. 예컨대 점포 입지 선정, 도시 재생 우선순위 도출, 상업지 용도 지역 조정 등의 정책 지원이 가능하다.

또한 AI는 도시의 공간 구조 분석에도 활용될 수 있다. 공간형 네트워크 데이터를 기반으로 보행자와 차량의 이동 경로를 시뮬레이션해 보고, 혼잡 구간, 병목 현상, 위험 지역 등을 사전에 파악할 수 있으며, 도시 내 통행 패턴을 학습해 대중교통 노선 조정, 신설 도로 검토 등의 물적 계획 수립에 기초 자료를 제공할 수 있다.

향후 도시 계획 과정은 이와 같은 데이터 기반의 도시 분석과 AI의 도움을 받은 계획과 설계(AI aided Planning and Design)를 통해 많은 주민들의 참여와 심의를 지원하는 계획 기술의 실현 등 인공지능 기술이 활용된 도시 계획으로의 변화가 예상된다.

AI 기반 도시 특성 분석

인공지능을 통한 도시 계획 지원 시스템이 가지고 있는 기능과 효율이 무엇인가 하는 것은 또 다른 측면에서 매우 중요한 계획적 가치라 할 수 있다.

실제 도시는 다양한 지형, 기후, 밀도, 인구 및 사회적 특성을 가지고 있다고 할 수 있다. 하지만 그동안은 산업화 과정 속에서 급격한 도시로의 인구 집중과 생산성 향상에 바탕한 인구 증가를 수용할 수 있는 성장형 도시 계획이 주를 이루었다고 할 수 있다. 그러나 이제는 성장 시대를 지나 성숙형 사회로의 도시 변화를 겪고 있는 도시가 우리나라에서도 늘어나고 있다.

더 이상 인구가 늘어나지 않으며, 많은 경우 급격한 인구 감소와 고령화 사회로의 진입을 통한 쇠퇴 도시, 축소 도시로의 변화를 경험하는 도시가 늘어나고 있는 실정이다. 하지만 4차 산업혁명 등에 기반한 신산업 유치 등을 통해 여전히 성장하는 도시도 함께 존재하고 있다. 즉, 이제는 국토 도시 정책이 한 방향으로만 전개될 수 없는 것이 현실이다. 성장하는 도시, 정체된 도시, 쇠퇴하는 도시 등의 다양한 여건에 대응한 정교하고, 구체적인 맞춤형 공간 전략이야말로 지속 가능한 미래 국토 도시 공간의 실현에 핵심적인 요소라 할 수 있으며, AI 기반의 도시 계획이 이를 실현 가능하게 하지 않을까 판단된다.

참고문헌

4차산업혁명위원회(2019). "스마트시티 국가 시범도시 시행계획 수립현황 및 향후 추진계획". 국토교통부.

이은민(2016). "4차 산업혁명과 산업구조의 변화". 《정보통신방송정책》, 28(15), 1~22쪽.

이희정(2017). 《맞춤형 도시 계획》. 커뮤니케이션북스.

이희정 외(2014). 《새로운 도시, 도시 계획의 이해》. 보성각.

International Telecommunication Union(2014). Smart sustainable cities: an analysis of definitions. Focus group technical report: ITU.

Kissinger, H. A.(2020). The Coronavirus Pandemic Will Forever Alter the World Order. Wall Street Journal.

Wegener, M.(1996). Reduction of CO2 emissions of transport by reorganisation of urban activities. In Hayashi, Y. & Roy, J.(eds.). *Transport, land-use and the environment*, pp.103~124. Kluwer.

06

도시 특성별 맞춤형 계획과 AI

도시의 다양한 특성(지형, 기후, 인구, 경제 등)을 반영한 맞춤형 도시 계획 수립에 AI가 실질적인 해답을 제시한다. 홍수 다발 지역을 위한 수변 인프라 최적화, 환경적/사회적 변수에 따른 차별화된 정책 설계, 지역의 고통 분산 및 일자리 유도, 산업 환경과 주거 환경 개선 등 AI 기반 시뮬레이션을 통한 정책 테스트 및 보완을 통해 실현 가능한 맞춤형 계획을 제시한다.

AI와 민주주의?

맞춤형 도시 계획의 필요성

최근 인류는 엄청난 변화를 경험하고 있다. 코로나와 같은 기후 변화의 영향과 4차 산업혁명과 같은 엄청난 기술 변화 속에 도시의 지속 가능성에 대한 고민을 하지 않을 수 없는 뉴 노멀(New Normal)의 시대를 겪고 있다. 그리고 이러한 변화는 많은 경우 도시를 중심으로 전개되고 있으며, 또한 수많은 도시들의 여건과 상황도 제각각이어서 이러한 환경적, 경제적, 기술적, 사회적 측면에서의 지속 가능한 도시 계획 실현을 위한 균형 잡힌 방향 설정과 대안 마련을 위한 맞춤형 도시 계획의 필요성이 그 어느 때보다도 강조되고 있다.

도시는 다양한 특성을 가지고 있다. 도시 인프라의 노후 정도도 다르고, 사회 경제적 상황도 다양하다. 그리고 그 도시가 처해 있는 도시 성장 유형도 제각각이다. 도시의 지리 정보 시스템(GIS)과 인공지능 머신러닝의 결합을 통한 공간 데이터의 고차원적인 분석은 이러한 도시 마다의 공간 특성이나 기능 분포를 파악하고, 이를 바탕으로 지역의 인프라 노후화 예측, 사회 경제적 취약 지역 탐지, 도시 성장 유형의 판별 등을 효과적으로 대응할 수 있게 해 준다.

AI 기반의 도시 데이터 분석 플랫폼은 도시의 조사와

시각화, 분석 결과의 공유와 다양한 의견의 수렴 등을 통합적으로 지원하며, 이를 바탕으로 도시의 특성별 진단과 전망을 통한 계획적 대응과 처방을 가능하게 해 주는 데 유용하게 활용될 수 있다. 이러한 분석에는 앞서 살펴본 다양한 도시 모니터링 에이전트(Agent)를 통한 드론, 센서, 위성 이미지 등의 빅데이터가 실시간으로 활용된다.

도시는 각기 다른 지형, 기후, 인구, 산업 구조를 가지고 있어 실질적으로 비용 대비 효과를 극대화할 수 있는 가성비 높은 계획, 실효성 있는 공간 전략의 마련을 위해서는 AI 기반의 맞춤형 도시 계획 수립이 반드시 필요하다. 실제 AI는 환경, 사회, 경제, 공간 데이터를 통합적으로 분석하여 도시의 맞춤형 정책을 제안할 수 있을 것이다.

AI 기반 맞춤형 도시 계획은 강수량이 많은 지역에서는 홍수 예측 모델을 통한 방재 계획의 수립을 강화시키고, 상대적으로 밀도가 높은 개발 지역에서는 교통량 분석을 통해 교통 정체 감소 및 거주 밀도의 조절을 통한 도시 문제 해결에 통합적 솔루션을 제공할 수 있을 것이다.

AI 기반 맞춤형 도시 계획

AI는 지속 가능한 도시를 만드는 데 중요한 역할을 한다. AI는 에너지 효율을 높이고, 교통 흐름을 최적화하며, 공공 서비스를 개선하는 등 지속 가능한 도시 정책을 지원할 수 있다. AI는 미래 도시를 혁신적으로 변화시킬 수 있는 잠재력을 가지고 있다. 미래 도시는 AI 기술을 통해 더욱 효율적이고, 지속 가능하며, 시민의 삶의 질을 높이는 방향으로 발전할 수 있다. AI 기반의 맞춤형 도시 계획은 지역의 도시 문제 해결을 위한 실질적이고, 통합적인 플랫폼을 제공하는 기본적인 기반이 될 수 있다.

도시 서비스는 시민의 삶의 질을 향상시키기 위한 필수적인 요소다. 교통, 에너지, 안전, 공공시설 등의 도시 서비스를 효율적으로 운영하고 최적화하기 위해서 AI 기반 맞춤형 도시 계획이 반드시 필요하다. 어떤 도시는 급격히 고령화가 진행되고 있고, 또 어떤 도시는 외국인이 늘어나고 있다. 이와 같은 도시마다의 최적화된 도시 서비스의 효율성 제고를 위해서 AI에 기반한 미래 맞춤형 도시 계획 기술 기반이 중요한 도구가 될 수 있다.

이미 우리 일상생활 속에서 교통 혼잡의 해결과 최적 시간에의 이동 효율성 제고를 위해 다양한 형태의 교통 서비스를 제공하는 AI 기반의 다양한 프로그램들이 활용되고 있다.

AI를 통한 에너지 관리도 매우 중요하다. 지역에 따라 산업 에너지 등의 수요가 많은 지역과 상대적으로 태양열 에너지 생산이 많은 지역이 공간적으로 편중되어 있을 수 있다. 실제 이러한 에너지 생산과 소비의 에너지 분배 최적화를 위한 스마트 그리드 네트워크의 운영과 재생 에너지 활용 방안 등에 AI가 효과적으로 활용될 수 있다.

다만, 아직 우리나라의 경우 인공지능 활용 기술의 발전과 최근 논의되고 있는 생성형 인공지능(ChatGPT 등)의 활용까지 기술 확장에는 다소 미진한 측면이 없지 않다. 하지만 하루가 다르게 인공지능 기술의 발전이 가속화되고 있기 때문에 실제 모빌리티와 도시 계획 등의 분야에서도 이를 활용한 발전적 플랫폼 구축 및 운영의 미래가 멀지 않았다고 할 수 있다.

현재 논의되고 있는 다양한 인공지능을 활용한 미래 모빌리티 혁신에 대해 살펴보고, 인공지능이 바꿀 미래에 대해 생각해 볼 필요가 있다.

AI 기반 통합 시뮬레이션 실험

우리의 일상 속에 이미 깊게 들어와 있는 인공지능을 실감하고 있다. 대부분의 사람들은 도시에서의 이동에 인공지능의 도움을 받고 있다. 요즘 내비게이션 없이 운전하는 사람은 없을 것이다. 택시를 잡을 때도 인공지능의 도움을 받는다. 택시 운전기사도 손님이 어디에 많이 있는지 인공지능의 안내를 받음으로써 손님도 덜 기다리고 수익도 늘어나고 있다. 밤늦게 대중교통을 이용하려는 사람들을 위해 서울시는 인공지능의 도움을 받아 소위 올빼미 버스 노선을 운영하고 있다. 이와 같이 점점 더 우리의 일상은 인공지능의 도움을 받는 모빌리티 혁신을 통해 시간과 비용을 최적화해 주는 미래 도시에 살게 될 것이다.

실제 싱가포르 등에서는 디지털 트윈 등을 통해 이와 같은 모빌리티 데이터의 인공지능 관리 운영을 극대화하고, 이를 통해 교통 체증 없는 도시를 실현시킨 사례도 이미 나타나고 있다. 즉, 싱가포르의 경우 미래 'Smart Nation'이라는 미래 도시 모토하에 '버추얼 싱가포르(Virtual Singapore)'라고 하는 디지털 트윈 기반의 미래 도시 전략 하에 도시의 에너지 소비, 교통 패턴, 건물 탄소 배출 등을 AI로 시뮬레이션하고 있다. 실제 도시 계획 수립 시에도 해당 시뮬레이션 결과를 반영하여 탄소중립 목표에 부합하는 용도 배치, 교통 계획, 에너지 인프라 설계 등을 적용하는 등 이를 실용화하고 있는 단계다.

이와 같이 AI는 도시의 기후 위험을 예측하고, 도시 계획이 보다 입체적이고 탄력적으로 작동하도록 만드는 핵심 도구로 자리 잡고 있다. 즉, 많은 해외 선진 사례에서는 이런 모빌리티 데이터를 활용한 인공지능 관리 운영이 실용화 단계에 들어갔다고 해도 과언이 아니다.

한편, 우리나라에서도 상당 수준의 인공지능 기반의 모빌리티 분석, 관리, 운영이 이루어지고 있다. 다만 이를 도시 계획, 토지 이용 등 통합 정보 이용까지 연계한 디지털 트윈의 실현에는 아직 이르지 못하고 있다.

현재 이와 관련해서는 국가 차원에서 다양한 국가 R&D를 통한 교통 플랫폼의 구성과 도시 계획 및 도시 행정 등과의 통합 플랫폼을 구축하기 위한 노력을 계속하고 있다. 서울특별시 등 일부 대도시를 중심으로는 미래 디지털 트윈 등과 같은 수준의 선진화된 도시 관리 운영 시스템의 구축을 위해 지속적인 투자와 많은 노력을 경주하고 있다.

디지털 트윈 도시(Digital Twin City)는 현실 세계의 도시를 가상공간에 정밀하게 재현하고, 실시간 데이터를 연동하여 시뮬레이션, 예측, 관리, 의사 결정을 지원하는 미래 도시 계획 시스템을 말한다. 이를 위해서는 도시의 모든 인프라(건물, 도로, 교통, 에너지, 환경, 인구 등)를 디지털 모델로 구현하고, 센서, IoT, 위성, CCTV 등을 활용한 실시간 데이터 수집과의 연계를 통한 통합 플랫폼이 필요하다.

디지털 트윈이 진정한 의미에서 미래 지능형 스마트 시티 역할을 하기 위해서는 AI 기술과의 결합이 필수적이다. AI Agent 기반 모델링과 머신러닝 기반 의사 결정 지원, AI 시뮬레이션과 자율 제어 시스템을 연계한 소위 '피지컬(Physical) AI' 기술 개발 등 아직은 우리가 극복해야 할 과제가 산적해 있다고 할 수 있다. 궁극적인 맞춤형 도시 계획으로서의 살아 있는 도시 관리 모델인 미래 디지털 트윈 도시 구현을 위한 AI 통합 플랫폼으로의 실험과 기술 개발이 요구된다.

참고문헌

국토교통부(2014). "국토이용 및 도시 계획체계 개편 연구".

박재현(2019). "정부 공공빅데이터 통합 플랫폼 구축(인도네시아)". 《세계도시정책동향》, 449. 서울연구원.

이희정(2017). 《맞춤형 도시 계획》. 커뮤니케이션북스.

4차산업혁명위원회(2019). "스마트시티 국가 시범도시 시행계획 수립현황 및 향후 추진계획". 국토교통부.

Hollander, J.(2025). AI-Generated Knowledge in Urban Planning: Chatbots and Professional Planners' Expertise in Responding to Public Queries. ACSP AI Workshop.

07
인구 변화와 미래 대응 생성형 AI

미래 인구 구조 변화 예측 등 미래 대응 생성형 AI 시스템 기반 도시 계획 및 정책 수립, 공간 설계 방안 등을 직접 창출할 수 있게 된다.
인구의 유입/유출 및 고령화/저출산
시나리오별 미래 예측과 생성형 AI를 통한 도시 계획 및 도시 설계 정책 제안, 인구 변화에 따른 교통, 복지 인프라 재설계 등 적응형 도시 계획 수립 체계의 마련이 가능해진다.

AI와 애니메이션?

인구 변화와 미래 도시의 과제

미래 도시에서의 도시 계획 그리고 실질적으로 인공지능(AI)이 미래 도시 계획에서 어떤 역할을 할 수 있을 것인가를 살펴보는 것은 매우 중요하다. 현재 전 세계적으로 챗지피티(ChatGPT)로 대표되는 생성형 AI가 급속도로 발전하면서 사회 모든 분야에 걸쳐 인공지능을 활용한 분야 발전 모델을 찾기 위해 노력하고 있다. 의료 AI, 법률 AI, 교통 AI 등등 수많은 분야에서 인공지능 특히 생성형 AI를 활용한 각 분야의 혁신적 발전을 기대하는 분위기다.

미국의 챗지피티, 제미나이(Gemini, Google), 중국의 딥시크(DeepSeek) 등 국가별 다양한 생성형 AI 산업의 발전과 함께 맵(map) AI, AI 의사 왓슨(Watson) 등 전문 분야별 AI 기술 발전도 급속도로 확산되고 있다. 도시 계획 분야에도 AI 기술을 활용한 새로운 변화가 기대되는 이유다.

도시 계획 분야에서의 미래 AI 기술의 활용은 과연 어떤 형태로 전개될 것인가 고민해 볼 필요가 있다. 아마도 다양한 미래 도시의 문제, 특히 도시 계획 문제 해결을 위한 솔루션 개발에 다양한 AI 기술을 활용하기를 기대하지 않을까 생각된다.

인구 변화는 도시 계획의 가장 중요한 문제 중 하나라고 할 수 있다. 현재 우리나라를 비롯한 많은 선진 도시들은 고령화와 저출산 등의 인구 감소와 저성장 사회 문제로 어려움을 겪고 있다. 이러한 인구 구조의 변화, 즉 지역별 인구 밀도와 연령별, 성별, 공간별 인구 분포의 변화는 다양한 지역 특성을 규정짓는 중요한 계획적 요소라 할 수 있으며, 도시 시설을 이용하는 방식을 변화시킴으로써 공간 이용의 방식과 도시 발전의 질적 양적 변화를 야기하고 있다.

또한 도시 내 혹은 도시 간 인구 이동의 변화는 직접적으로 도시의 경제적, 사회적, 문화적 특성을 바꾸고 있으며, 국내외 이주민과 연계된 주택, 의료, 교통, 복지 등의 수요 변화와 대응은 도시의 경쟁력과 생존에 직접적으로 영향을 미치는 중요한 요소라 할 수 있다. 이와 관련해서 도시의 출산율 예측과 인구 유입 및 유출 변화, 그리고 노년층의 증가로 인한 고령화 사회에의 대응 등에 AI와 빅데이터가 중요한 역할을 하고 있다.

따라서 인공지능을 활용한 인구 밀도 변화, 출생률과 사망률을 예측하고, 이를 기반으로 도시별 미래 도시 계획의 방향을 설정하는 것이 요구된다.

인구 예측 AI 모델 실험

최근 많은 도시에서 인구 예측과 관련된 실질적인 어려움을 토로하고 있다. 전통적으로 성장형 도시에서의 인구 예측은 장래 추세 연장 기법을 활용한 인구 성장 예측을 바탕으로 도시 계획의 용지 산정과 시설 추정 및 예산 배정을 추진해 왔다. 하지만 현재 많은 도시들은 여러 이유에서 인구가 감소하고, 성장이 멈춘 도시 발전 양상을 보이고 있다. 그러나 여전히 도시를 관리하고 운영하는 데에는 많은 비용과 시설 정비 수요가 존재하고 있는 것이 사실이다.

전통적인 방식으로 인구를 예측하면 실질적으로 인구가 감소하고 있기 때문에 더 이상의 도시 계획 수요를 정당화하고, 예산 배분 등을 추진하기가 어려워진다. 그러다 보니 많은 지자체가 다양한 형태로 인구를 늘리거나, 유치하기 위한 노력을 할 수밖에 없게 된다. 결과론적이지만 이와 같이 추계된 우리나라 도시기본계획상의 장래 인구 예측을 다 합치면 미래 인구가 1억이 넘는다는 아이러니한 결과를 만들어 내기도 한다. 결국 국토교통부에서도 이러한 문제를 인식하고, 통계청 예측과 연계한 인구 예측 가이드라인을 도시기본계획 등에 명문화하고 이를 구체화하기 위한 노력을 하고 있다.

현재 보다 구체적으로 이런 지역마다의 인구 예측을 데이터 기반에 입각한 빅데이터와 AI 활용 방안을 현 국가 R&D에서도 다각도로 실험하고 있다. 즉, 현재는 지금까지의 상주인구 예측 방법 외에 개발 사업 등과 관련된 사회적 증가분에 대한 보다 정확한 예측과 근본적으로는 인구수 자체보다는 어디에서 얼마나 활동하고 있나 하는 통신사 데이터 등을 활용한 유동 인구 분포 예측을 합산한 소위 새로운 활동 인구 개념을 적용하고자 노력하고 있다.

그러나 무엇보다도 현재와 같은 도시 계획의 중장기적인 계획 체계의 한계를 극복하는 것이 이러한 인구 예측 문제 대응의 핵심이 될 것으로 생각된다. 즉, 현재와 같이 한번 수립되면 도시기본계획은 10년 내지 20년을 그리고 도시관리계획이나 지구단위계획은 5년에서 10년의 계획 정책을 고수하는 것은 매우 한정적이고, 실시간적으로 변화하고 있는 현대 도시에 맞지 않다고 할 수 있다. 따라서 실질적인 활동 인구의 실시간 분포에 기반한 능동적이고, 즉각적인 도시 계획 정책으로의 방향 전환이 필요하다.

생성형 AI 기반 미래 도시 시나리오

미래에 우리는 어떤 국토와 도시 환경에서 생활하게 될까 상상해 보자. 아마도 지금보다 훨씬 빠르게 변화하고 있는 공간 환경 속에 살게 될 것으로 생각된다. 이를 전제로 현재 국가 차원에서는 국토 공간 모니터링 시스템과 빅데이터 AI 기반의 미래 도시 계획 기술 도입을 적극적으로 추진하고 있다. 이렇게 되면 미래 국토와 도시는 매우 유연하고 능동적인 공간 관리 체계를 도입할 수 있지 않을까 예측된다.

즉, 전 국토에 대해 광역적이고 거시적인 공간 관리 체계 제시와 함께 보다 미시적인 생활권 단위의 즉지적이고 유연한 맞춤형 공간 대응이 가능하지 않을까 판단된다.

우선 기존의 대도시를 중심으로 한 메가시티 리전(Mega City Region)에서는 앞서 언급한 실질적인 광역 활동 인구 기반의 자족적 공간 단위의 N분 생활권 대응이 필요하다. 지방 중소 도시에서는 새로운 산업 유치와 개발 등 계획 개념의 사회적 증가분에 대응한 미래 시나리오를 바탕으로 압축적 공간 이용의 새로운 콤팩트 도시(Compact city) 개념의 강소 생활권을 중심으로 한 소위 일본식 입지 적정화를 구상한다. 그리고 소규모 농산어촌의 마을들을 중심으로는 새로운 농산어촌 생활권 계획 수립을 통해 전국을 긴밀하게 연계(Network)시킨다는 새로운 유연한 국토 공간 계획 체계를 실현한다는 전략이다.

그리고 이를 실현시키기 위한 국토 도시 공간의 재구조화와 인프라 혁신을 소위 생성형 AI 기반의 새로운 공간 시나리오 전략 등으로 재편해 나갈 수 있을 것이다. 이러한 혁신 전략에도 실질적으로 빅데이터와 AI를 활용한 공간 계획이 대응할 수 있을 것이다.

궁극적으로 이와 같은 국토 도시 공간의 파격적인 재구조화 계획의 수립 배경에는 코로나19 이후의 급격한 기후 변화에 대응한 탄소중립 도시 실현의 국가적 목표 달성과 제4차 산업혁명에 따른 기술 변화 등에 바탕한 모빌리티 혁신과 미래 생활 변화에 보다 적극적으로 대응함으로써 국가의 미래와 사람들의 행복을 실현시키기 위한 고민이 담겨 있다고 할 수 있다.

그리고 이러한 국가 전략을 모니터링하고, 결코 쉽지 않을 국토 도시 공간 재구조화 작업을 성공적으로 이끌기 위한 계획적 구체화 방안에 인공지능과 빅데이터를 활용한 새로운 미래 생성형 AI 기반 국토 도시 계획 기술이 적극적으로 활용될 수 있을 것이다.

이와 관련하여 최근 주목받고 있는 새로운 계획 개념

중의 하나로 인간화 AI(Humanize AI) 혹은 AI 인간(Human AI) 기술 개념을 들 수 있다. 이는 AI가 인간의 의식, 감정, 창의성 등 인간적 특성을 모방하거나 구현하는 연구와 기술 단계를 의미하는 것으로 실제 도시 계획에 있어서도 도시의 진화, 사회적 관계의 형성, 도시 간의 상호작용을 AI가 예측하고 대응하는 방식을 통해 도시 발전을 시뮬레이션하고, 도시 간의 관계 설정을 예측하고, 대응하는 새로운 생성형 AI 활용 방안으로 주목받고 있다.

즉, 이제 생성형 AI가 스스로 최적의 도시 계획 대안을 마련하고, 그 적정성을 검토하는 방향으로 진화해 나가고 있다고 할 수 있다. 이를 위한 다양한 미래 기술 기반으로서 멀티모달 인공지능(Multimodal AI)의 기술 도입과 역할에 주목하고 있다. 멀티모달 AI는 다양한 형태의 데이터를 통합하여 처리하고 이해하는 기술 기반을 말한다. 여기서 '멀티모달'은 서로 다른 모달리티, 즉, 텍스트, 이미지, 오디오, 비디오 등 서로 다른 형식의 데이터를 의미하는데 이렇게 서로 다른 형식의 데이터를 동시에 처리하고, 이들 간의 관계를 이해하며 더 풍부한 정보를 추론하고 예측할 수 있는 공간 지능(Spatial Intelligence) 기술을 가능하게 한다.

마치 인간이 여러 감각을 통해 세상을 인식하는 방식과 유사하게 도시와 관련된 다양한 현황과 데이터를 인식하고, 이를 거대 언어 모델(LLM) 혹은 이를 넘어선 월드 파운데이션 모델(WFM, World Foundation Model) 기반의 창의적이고, 혁신적인 방식으로 도시 발전 모델과 도시 계획 대안을 도출해 낼 수 있도록 만드는 미래 도시 계획 기술 개발이 현실적으로 가능해질 수 있다는 것이다.

참고문헌

국토교통부(2014). "국토이용 및 도시 계획체계 개편 연구".

박재현(2019). "정부 공공빅데이터 통합 플랫폼 구축(인도네시아)". 《세계도시정책동향》, 449. 서울연구원.

이희정 외(2014). 《새로운 도시, 도시 계획의 이해》. 보성각.

4차산업혁명위원회(2019). "스마트시티 국가 시범도시 시행계획 수립현황 및 향후 추진계획". 국토교통부.

Ryan, A.(2025). Using LLM to Write a Plan: Successes and Opportunities. University of Arizona. ACSP AI Workshop.

08
토지 이용과 공간 구조 예측 AI

AI는 토지 이용 변화와 도시 공간 구조의 미래 모습을 예측하고, 도시 확장 및 개발, 재개발 전략 수립을 지원한다. 이를 위한 토지 이용 변화를 반영한 시뮬레이션 분석과 개발 가능 부지 예측 및 공간 활용 우선순위 도출 등을 AI 기반으로 분석하고 이에 따른 입지 선정과 투자 유도 전략 및 도시 성장 예측을 통한 인프라 계획 최적화 방안을 마련할 수 있다.

AI와 인재 채용?

미래 도시 토지 이용 변화 예측

토지 이용 변화 예측은 도시 계획에서 핵심적인 요소로서 효율적인 미래 토지 사용과 도시의 발전을 위해 필요한 분석을 제시해 주는 것이다. 특히 이는 미래 도시에서의 공간 혁신을 위한 노력을 구체화한다고 할 수 있다. 이런 추세는 최근 전 세계적으로 새로운 패러다임 변화에 따라 전통적인 도시의 공간 이용 활용 방식에 변화가 필요하고, 보다 적극적으로 이와 같은 공간 혁신을 수용 추진해 나가겠다는 많은 도시 정부의 의지 표명과 함께 이를 미래 토지 이용 예측과 계획에 담겠다는 도시 발전 방향을 통해 확인할 수 있다. 이러한 움직임은 점점 더 많은 도시 정부로 확산될 것으로 기대되고 있으며, 전 세계적으로도 대도시에서의 미래 토지 이용 예측에 바탕한 공간 혁신과 재구조화는 공통적 관심사로 등장하고 있다.

범지구적인 이상 기후와 재난 및 도시 방재는 이제 피할 수 없는 자연 재해로 전 인류의 위협이 되고 있다. 우선적으로는 이러한 기후 변화와 재난 상황을 사전에 예측하고 효과적으로 대응하는 것이 도시 생존에 점점 더 중요해지고 있다. 이를 위한 도시 토지 이용 효율화와 도시 공간 재편 방안은 도시의 회복 탄력성(Resilience)을 높이기 위해 매우 필요한 작업이라 할 수 있다. 이와 같은 미래 방어적 도시 관리(Defensible Urbanism)의 핵심에 도시 계획 인공지능 AI 기술이 활용되고 있다.

AI는 기존의 예측 방법보다 더 정확한 미래 토지 이용 변화 예측을 제공할 수 있다. 다양한 도시 빅데이터를 학습시켜, 토지의 위험 요소 예측과 방재 관점의 도시 계획을 수립할 수 있다. 또한 도시의 토지 이용 패턴과 사람들의 이용 특성 분석을 통해 다양한 상업적, 주거적, 산업적 활용 가능성을 예측할 수 있다. 이를 통해 도시의 성장 가능성과 효율적인 공간 계획을 수립할 수 있을 것이다.

AI와 빅데이터는 토지 이용의 최적화에도 중요한 역할을 할 수 있다. 특정 지역에서의 토지 이용을 최적화하여 상업, 주거, 산업 시설의 균형을 맞춘 미래 도시 발전을 이룰 수 있다. 이를 위해서는 공간 분석 도구의 활용과 최적화 알고리즘이 필요하다.

한편 혼합적 토지 이용을 위한 입체 복합적인 공간 이용 추세는 도시의 집약적(compact) 토지 이용을 촉진시키고 있으며, 현재의 기술 발전과 도시 관리 능력 향상이 이와 같은 고도의 초고밀 초고층의 입체 복합 공간의 제어와 관리를 가능하게 해 줌으로써 도시 공간에 새로운 스카이라인을 만들어 주고 있다고 할 수 있다.

전 세계적으로 이와 같이 AI를 활용하여 도시 지역 내 공간의 입체 복합적 공간 수요를 예측하고, 이를 바탕으로 미래의 입체적인 공간의 토지 이용과 시설 계획을 수립하려는 수요는 점점 더 늘어 날 것으로 예측할 수 있다. 그리고 이러한 공간 수요와 예측을 다양한 도시 디지털 공간에 미리 시뮬레이션해 보고 이에 따른 토지 이용 변화와 도시 시설 수요 예측 및 다양한 부작용을 미연에 방지할 수 있을 것이다.

이렇게 함으로써 도시 공간의 미래 수요 예측과 공간 분포의 최적화 방안을 보다 압축적이고, 새로운 도시 공간 혁신 방안으로 달성해 낼 수 있는 것이다. 그리고 궁극적으로는 고비용 비효율의 기존 대도시 해체와 새로운 다핵 분산형 광역 메가시티 리전을 중심으로 한 새로운 국토 도시 공간의 재편 방안까지를 포함한 미래 도시 모델에 대한 대응과 같은 실험적인 공간 대응까지도 이루어질 수 있을 것이다.

미래 도시 공간 구조 변화 예측

전 세계적으로 소위 생성형 인공지능(AI)으로 불리는 챗지피티(ChatGPT) 등 거대 언어 모델(LLM) 기반의 인공지능 활용이 사회 전반에 걸쳐 확산되고 있다. 이미 생성형 인공지능 기술은 알파고(Alpha Go)처럼 바둑을 전문 바둑 기사보다 더 잘 두는 것을 넘어서서, 미래 도시의 변화 발전 방향의 예측 및 미래 공간 구조 최적화에 대한 솔루션을 제공하는 데에도 활용될 수 있을 것으로 예상한다.

실제 최근 우리나라의 성경모 · 이희정(2025) 연구와 이재경 외(Lee, J. et al., 2023) 연구에서 보면 수도권의 GTX 노선 개발이 수도권의 압축적 토지 이용과 기존의 중심지 체계에 어떤 변화를 가져올 것인가를 인공지능의 머신러닝 기법을 활용하여 분석 예측하기도 한 것을 볼 수 있다. 이는 기본적으로 그동안의 수도권 택지 개발과 교통 체계 개편에 대한 수많은 머신러닝의 학습 결과와 이를 통한 인공지능 미래 예측의 결과를 도출할 수 있었기에 가능한 것이다.

도시 분야에서도 이와 같은 인공지능을 활용한 도시 공간 구조 변화 예측과 대응 방안 마련에 대한 요구가 나타나고 있다. 최근 부동산 시장에서는 도시의 토지 이용 패턴에 영향을 미치는 요소를 부동산 시장 데이터 분석을 통해 도출하고, 이를 바탕으로 미래 상업 지역과 주거 지역의 수요와 공급 변화를 예측, 이에 맞는 부동산 정책과 토지 이용 계획 수립 방안을 제시하고 있기도 하다.

이와 같이 도시 토지 이용 및 공간 구조 계획 분야에서의 인공지능 활용이 점점 더 구체화되고, 양적으로나 질적으로 더욱 가시화되고 있다. 특히 다양한 이해관계가 복잡하게 얽혀 있는 기존 시가지에서는 주민이나 토지 소유자의 계획 참여가 도시 정비와 재구조화에 매우 중요하다고 알려져 있다. 실제 인공지능을 활용한 시뮬레이션 기법과 짧은 시간에 논의된 공간 계획의 여러 대안들을 즉각적으로 제시해 줄 수 있는 이미지 생성형 인공지능 기술의 활용은 이와 같은 다양한 이해관계가 첨예하게 대립되는 기성 도시 공간의 재구조화 작업과 같은 수요가 늘어나면 늘어날수록 앞으로 훨씬 더 용이하게 미래 도시 공간 재편을 위한 새로운 도시 공간 만들기와 시민 참여를 통한 참여형 도시 재편을 성공적으로 이루어지게 함으로써 미래 도시 변화에 일조할 것으로 기대된다.

향후, 서울이나 부산과 같은 대도시의 도시 대 개조 작업이나 경기도 분당, 일산과 같은 1기 노후 신도시 재구조화 작업 등에서의 기존 도시 공간을 중심으로 다양한 개발 가능 부지의 도출 및 공간 활용 우선순위 선정 그리고 이에 바탕한 입지 선정과 투자 유도 전략 및 도시 성장 예측을 통한 인프라 계획 최적화 방안 등을 새로운 AI 기법 등을 활용하여 마련할 수 있을 것이다.

한편 도시 설계 차원에서도 도시 공간의 토지 이용 변화와 공간 구조 개편에 대응하여 용적률 등의 개편에 따른 도시 경관 변화와 도시 인프라 용량 평가 등에 이와 같은 인공지능의 활용이 모색되고 있다. 다양한 건축 및 경관 시뮬레이션 기술 등이 인공지능 기술과 함께 가상현실 혹은 증강현실 등의 기술과 연계되어 실용화될 수 있으며, 장래에는 보다 진화된 디지털 트윈 기술과 접목되어진 한 단계 높은 수준에까지 이르게 된다면 미래 우리 도시 공간을 만들거나 변화시키는 방식은 지금보다 훨씬 더 혁신적이면서도 민주적인 방식으로 신속하게 진행될 수 있을 것이다. 그리고 이러한 변화가 미래 공간 혁신을 더욱 촉진시킬 수 있지 않을까 생각한다.

인공지능이 바꿀 미래 도시 공간 계획 설계

미래에는 아마도 지금과는 다른 도시 계획과 도시 공간이 제시되지 않을까 예상된다. 즉, 더 이상 환경 문제와 교통 문제가 없는 이상적 미래 도시 공간을 인공지능을 통해 실현시킬 수 있지 않을까 하는 희망을 가져 본다. 실제 싱가포르는 스마트 시티와 AI 기반 토지 이용 예측 시스템을 통해 완벽하지는 않을지 모르지만 이미 디지털 트윈인 버추얼 싱가포르(Virtual Singapore) 시스템을 통해 도시 최적화 등을 실현시켜 나가고 있다.

또한 영국 런던도 빅데이터와 AI를 활용한 버추얼 런던(Virtual London) 프로젝트를 통해 도시 토지 이용 변화 예측 및 공간 구조 최적화 방안에 입각한 자원의 재활용과 도시 재생 정책 수립, 교통인프라 개편과 공간 전략 계획을 마련하고 있다. 그리고 프랑스도 지속적으로 이와 같은 도시 혁신을 모색하고 있으며, 실제 파리의 경우 2024년 국제 올림픽을 파리 시가지 곳곳에서 새로운 경기장 건설 없이 도시 내에서 치르면서도 센강의 환경 문제나 도시 내의 교통 문제, 치안이나 사람들의 안전 관리 문제를 성공적으로 해결한 바 있다.

결국 미래에는 인공지능의 도움 없이 도시 공간을 효율적으로 관리 운영한다는 것은 효과적이지 않음을 반증하고 있다고 할 수 있다. 다시 말해서 어느 도시가 먼저 이와 같은 인공지능의 기술을 활용한 미래 도시 공간 혁신을 이루어내느냐가 도시 경쟁력 증진과 도시에 살고 있는 사람들의 삶의 질을 높일 수 있는 데 핵심이 된다는 것을 말해 주고 있다.

이제 AI와 빅데이터는 도시의 토지 이용을 예측하고 최적화하는 데 없어서는 안 될 중요한 수단이라 할 수 있다. 이를 효과적으로 잘 활용하여 효율적인 미래 도시 발전과 지속 가능한 토지 이용 실현을 이루어내야 할 것이다.

아울러 새로운 혼합 토지 이용과 공간 구조 모델 제시를 위해서는 앞서 언급한 새로운 공간 지능(SI)의 활용 가능성도 제기되고 있다. 즉, 보다 입체 복합적이고, 새로운 공간 중심의 최적 모델의 탐구는 인간이 세상을 이해하는 방식과 같은 월드 파운데이션 모델(WFM) 등과 같은 AI 인간(Human AI) 혹은 멀티모달 AI와 같은 진화된 공간 지능(Spatial Intelligence)으로의 발전을 요구하고 있다.

참고문헌

김덕례 외(2017). "2017년 하반기 주택시장 전망". 주택산업연구원.

성경모·이희정(2025). "수도권 다핵화 과정에서 나타나는 중심성 탈동조화 현상". 《국토계획》, 60(5), 43~59쪽.

이희정 외(2014). 《새로운 도시, 도시 계획의 이해》. 보성각.

장성만(2017). "우리나라 주택시장의 변화 양상에 부합하는 효용 기반 접근도 산출모델 개발 연구". 《국토계획》, 52(7), 5~22쪽.

Harris, B.(1994). The real issues concerning Lee's 'requiem' *Journal of the American Planning Association, 60*, pp.31~34.

Lee, D. B.(1973). Requiem for large-scale models. *Journal of the American Institute of Planners, 39*, pp.163~178.

Lee, J. et al.(2023). Forecasting the urbanization dynamics in the Seoul metropolitan area using a long short-term memory-based model. *Environment and Planning B, 50*(2), pp.453~468.

09
도시 시설과 서비스 최적화 AI

공공 서비스 시설의 효율적 운영을 위해 AI는 실시간 데이터를 바탕으로 자원 배분과 관리 전략을 제안한다. 이를 통해 공공 시설(병원, 도서관 등)의 합리적 배치 전략과 에너지/교통/환경 서비스의 실시간 최적화 방안 마련, 그리고 AI 기반 시민 수요 예측 및 실시간 응답 시스템 구축을 통해 운영의 효율성과 시민 만족도를 동시에 향상시킬 수 있는 방안을 마련할 수 있다.

AI와 기자?

인공지능 기반의 미래 도시 운영 관리

미래는 엄청난 기후 변화와 기술 변화가 도시 계획에 중요한 영향을 미칠 것으로 예상된다. 이때는 AI와 빅데이터를 활용한 기후 예측과 도시 운영 대응 전략이 필수적이다. 기후 변화와 기술 변화에 따른 급격한 사회 변화와 도시 공간 혁신은 아마도 과거 한 세기 동안 우리가 경험한 바와 같은 엄청난 새로운 도시의 탄생과 인류 문명의 진보가 다시 한번 이루어질 수 있다는 기대를 가지게 한다.

폭염, 홍수, 해수면 상승 등 기후 변화로 인한 도시의 변화에 대응하는 도시 계획이 필요하다. 기후 데이터를 수집하고 분석하며, 기후 변화에 대응하는 녹지 공간 계획, 에너지 효율적인 건축, 도시 설계 등 다양한 방법을 제시하여야 한다. 예를 들어, 폭염을 대비한 냉방 시스템, 자원 순환형 물 관리 시스템을 계획 및 설계하여야 한다. 이러한 도시 운영 관리에 인공지능의 접목을 통해 미래 도시에서 어떤 불가능이 현실로 나타날지 두고 볼 필요가 있을 것이다.

실제 인공지능의 시대가 도래하면 지금까지의 도시 관리 방식은 사라질 것이란 예측도 있다. 공공 서비스 시설의 효율적 운영을 위해 AI는 실시간 데이터를 바탕으로 자원 배분과 관리 전략을 제안할 수 있다. 이를 통해 공공 시설(병원, 도서관 등)의 합리적 배치 전략과 에너지, 교통, 환경 서비스의 실시간 최적화 방안 마련, 그리고 AI 기반 시민 수요 예측 및 실시간 응답 시스템 구축을 통해 운영의 효율성과 시민 만족도를 동시에 향상시킬 수 있는 방안을 마련할 수 있을 것이다.

도시 계획 분야에서도 비슷한 변화가 나타날 수 있지 않을까 생각된다. 아마도 지금까지와는 다른 도시 토지 이용이 새로 나타나거나 현재의 건물이나 도시의 공간 이용이 변화될 수 있다. 이러한 변화는 불가피하게 해당 도시의 가치를 변화시킬 수밖에 없으며, 이에 따른 새로운 도시가 형성될 수 있을 것이다.

물론 이러한 도시의 운영도 지금과는 다른 방식으로 추진될 가능성이 많다. 훨씬 더 인공지능과의 협업이 많아지지 않을까 생각된다.

따라서 보다 능숙하게 인공지능과 빅데이터를 처리할 수 있는 미래 도시가 강자로 자리매김할 것은 자명한 이치라 할 수 있다. 이러한 새로운 미래 기술로서의 AI 도시 운영 관리는 선택이 아니라 필요불가결한 생존 게임이 되고 있다.

교통, 환경, 에너지 최적화와 AI

미래 도시에서 AI는 교통 체증을 해결하고, 실시간 교통 데이터를 분석하여 최적의 경로를 제시한다. 이를 통해 교통 혼잡을 줄이고 효율적인 교통망을 구축할 수 있을 것이다. 예를 들어 AI는 스마트 신호 제어 시스템, 스마트 주차 관리 시스템 등의 개발에도 활용될 수 있다.

실제 싱가포르와 아르헨티나 등에서 이러한 교통 혼잡 해결을 위한 AI 기반의 최적화 시스템이 개발되어 이미 활용되고 있으며, 우리나라에서도 교통 분야를 중심으로 활발하게 AI 기술 연계에 대한 국가 R&D 사업 등이 추진되고 있다.

한편 AI는 기후 변화로 인한 환경 영향, 예컨대 홍수, 폭염 등 자연 재해에 대한 실시간 대응 시스템을 구축하는 데에도 활용된다. 다양한 센서와 데이터를 분석하여 재난 상황을 예측하고, 빠르게 대응하는 시스템을 구축함으로써 도시의 회복 탄력성을 증진시킬 수 있다. 실제 일본이나 영국 등에서 이러한 기후 변화에 따른 자연 재해 대응 시스템에 AI를 활용하고 있다.

교통, 환경 분야 못지않게 미래 도시에서는 스마트 그리드를 활용한 실시간 에너지 수요와 공급을 조절하는 에너지 관리 시스템에도 AI를 활용함으로써 효율적인 에너지 분배를 가능하게 하고 있다. 실제 AI 기술은 기후 변화와 실시간 수요 패턴의 흐름을 바탕으로 에너지 소비를 최적화하고, 전력망의 효율적인 운영을 꾀하는 데 중요한 역할을 하고 있다. 헬싱키 등이 이러한 서비스를 실행하고 있는 대표적 사례다.

이외에도 AI는 공공 안전 시스템에서도 중요한 역할을 한다. 범죄 예측 및 예방, 실시간 안전 모니터링 등 시민의 안전을 확보하는 데에 AI와 IoT를 적극 활용하고 있다. 예를 들어 도시 내 CCTV 등을 활용한 빅데이터 분석을 바탕으로 범죄 예방 및 순찰 활동의 계획에 인공지능의 최적화 방안을 활용한 사례는 이미 많은 사례를 들 수 있다. 미국 등에서는 도시 내 범죄 예방에 큰 효과를 보고 있으며, 중국 등에서도 프라이버시 논란이 있지만 이미 광범위하게 활용되고 있고, 우리나라에서도 경찰청 등을 중심으로 다양한 적용 사례를 찾아볼 수 있다.

도시 공공 서비스 시설 입지 최적화

교통, 에너지, 안전 등의 도시 공공 서비스 시설들은 도시민의 삶의 질을 향상시키기 위한 필수적인 요소이며, AI는 이러한 도시 공공 서비스 시설의 서비스 및 입지 최적화를 통해 효율성을 높여주는 중요한 도구로 활용될 수 있다.

즉, 미래 도시에서는 AI를 통해 교통 흐름을 최적화하고, 에너지 소비를 줄이며, 공공 서비스 시설로의 근접성을 실현시키는 입지 최적화 등을 통해 공공 안전과 도시 서비스를 획기적으로 개선할 수 있다.

미래 도시에서의 공간 재구조화의 핵심도 어쩌면 여하히 도시 공공 서비스 시설의 공급과 입지 최적화를 이루어낼 것인가에 크게 좌우될 수 있음을 의미한다.

미래 모빌리티 혁신이 가져올 도시 공간 혁신도 필연적으로 미래 도시 공공 서비스 시설의 재편을 요구하고 있다. 아마도 드론이나 UAM과 같은 새로운 모빌리티 기반의 도시 공공 서비스 시설의 공급이 기존 도시 공간 가치의 상승을 기대할 수 있는 경우도 있을 것이며, 반대로 가치 하락을 통한 공간 재편이 요구되는 경우도 있을 수 있다.

미래 도시의 공간 가치 변화와 도시 중심성의 변화, 그에 따른 상권의 이동과 토지 이용 변화 등을 효과적으로 예측하고 능동적으로 대응하는 것은 미래 도시의 발전에도 매우 중요한 성공 요인이 될 수 있다. 최근 이와 관련한 분야에서의 다각적인 인공지능의 활용 방안 등이 모색되고 있는 것도 이를 방증하고 있는 것이라 할 수 있다.

전 세계적으로 새로운 도시 공간 패러다임의 하나로 크로노 어바니즘(Chrono Urbanism)에 기반한 소위 15분 도시 정책이 활발하게 추진되고 있다. 이는 기본적으로 코로나19와 같은 팬데믹 상황에서의 도시 패쇄 혹은 마비를 경험한 서구 사회를 중심으로 도시의 자족성을 높이고, 지속 가능한 회복 탄력성을 증진시킨다는 차원에서 활발하게 논의되고 있다. 15분 도시로 지칭되는 자족적 생활권 단위로 도시의 필요 공공 서비스 시설을 재배치함으로써 도시의 이동을 최소화시키고, 에너지와 도시 공간의 활력을 증진시킨다는 도시 공공 서비스 시설 재배치의 대표적 개념이라 할 수 있다.

이와 같은 소위 N분 생활권 개념은 우리나라에서도 다양한 배경에서 논의되고 있고 서울과 부산, 광주와 제주 등에서도 정책 도입을 활발히 추진하고 있는 미래 도시 공간 혁신의 중요한 한 방향이라 할 수 있을 것이다. 그리고 이를 실현시키기 위해 다양한 공공시설의 입지 최적화와 재배치를 통한 공간 재구조화가 논의되고 있다 하겠다.

기술 방법론적으로는 최근 생성형 AI에 버금가는 새로운 인공지능 기술로서의 피지컬(Physical) AI 기술 발전을 주목하고 있다. 피지컬 AI는 생성형 AI의 언어, 이미지 기반 한계를 넘어 3차원 공간과 물리적 법칙을 이해하고, 이를 확장하여 복잡한 행동과 공간 서비스를 AI가 직접 실행하도록 해 주는 기술이다. 실제 다양한 도시 공공 서비스를 로봇, 자율주행차, 스마트 공간 자율 시스템 등이 피지컬 AI와 결합되면, 실제 디지털을 넘어 현실에서 서비스를 도와주는 물리적 AI로서 작동하게 된다. 이렇게 되면 기존의 공공 서비스 시설의 시간적 공간적 제약을 극복할 수 있고, 비용과 인력 확보 문제 등의 사회 경제적 한계도 문제가 되지 않게 된다. 실제 이런 피지컬 AI는 다양한 도시 내 공간 센서, AI 액추에이터, 시뮬레이션 등을 통합하여 다양한 지역에서 새로운 공간 서비스를 가능하도록 해 준다.

참고문헌

김덕례 외(2017). "2017년 하반기 주택시장 전망". 주택산업연구원.
성시윤(2024). "도시기본계획에서 거대 언어모델의 도입 가능성에 관한 연구". 서울대학교 박사학위논문.
이희정 외(2014). 《새로운 도시, 도시 계획의 이해》. 보성각.
장성만(2017). "우리나라 주택시장의 변화 양상에 부합하는 효용 기반 접근도 산출모델 개발 연구". 《국토계획》, 52(7), 5~22쪽.
Landis, J.(2025). AI and the Future of U.S. Planning Practice. ACSP AI Workshop.
Moreno, C. et al.(2021). Introducing the '15-Minute City':

Sustainability, Resilience and Place Identity in Future Post-Pandemic Cities. *Smart Cities, 4*(1), pp.93~111.
Zhai, W.(2025). A Responsible AI Framework for Human-centered Urban Digital Twin. ACSP AI Workshop.

10
AI 기반 미래 도시 계획 지원 플랫폼

도시 계획을 통합적으로 지원하는 미래 AI 플랫폼은 데이터, 시뮬레이션, 협업 기능을 통해 계획 수립의 전 과정을 싱가포르나 런던, 바르셀로나와 같이 디지털 트윈으로 만들어 나갈 수 있다. 여기에서는 이를 위한 계획가와 정책 결정자를 위한 맞춤형 인터페이스의 마련과 AI 기반 도시 계획 지원 시스템 구축을 위한 각종 도시 계획 기술 요소의 정의와 통합 협력 지원 도구 등 현재 진행 중인 다양한 노력과 피지컬 AI 등 미래 발전 방향을 소개하고 있다.

AI와 미래 의사?

AI 기반의 도시 계획 지원 플랫폼

빅데이터와 인공지능 등 첨단 컴퓨팅 기술이 전 세계적으로 하루가 다르게 빠르게 발전하고 있으며, 이는 미래 인류의 사회 경제 전반의 발전을 견인하는 새로운 동력이 될 것으로 예상되고 있다. 이를 위해 도시 계획 분야를 포함한 다양한 영역에서 빅데이터와 인공지능 기술을 활용해서 도시 문제를 해결하고, 나아가 시장 혁신과 국가 발전을 이루기 위해 많은 노력이 진행되고 있다.

특히 이와 같은 기술의 발전은 조만간 인공지능이 스스로 기술을 혁신할 수 있는 시기라 할 수 있는 소위 특이점(Singularity)을 거치게 되면 바야흐로 AI 네이티브(Native) 사회로 급격히 전환될 것으로 예측되고 있다.

최근 국토 도시 분야에서도 빅데이터와 인공지능 기술을 활용하기 위한 적극적인 방안을 모색할 시기가 되었다고 판단하여 국가 R&D 등을 통한 다양한 기술 개발을 모색하고 있다. 사실 그동안 국토 도시 계획 분야는 보다 다양화된 사회적 수요(Needs)와 개발 압력에 대응하고, 또 한편으로는 시민 체감형 도시 계획 수립 필요성이 증대되고 있는 반면 기왕의 도시 계획이 잘 작동하지 않음으로 인해서 현황 도시 계획에 대한 평가를 통한 실행 체계 구축 및 운영 개선에의 요구가 끊임없이 제기되고 있는 실정이었다.

최근 도시 기반 시설의 경우에도 국가 시설 기준에 맞게 설치되었음에도 불구하고, 기후 변화 등에 따른 예측치를 초과하는 재해가 발생하고 있고, 매년 지하 주차장, 지하철, 주택 반지하 등 건축물과 시설물의 침수로 인한 사망 및 재산 피해도 지속적으로 증가하고 있는 추세다. 따라서 보다 능동적이고, 예측 가능한 미래 변화에 선제적으로 대응한 전반적인 도시 계획 재편 및 도시 계획 기준 등의 제도 재정립 필요성이 요구되고 있다.

이에 국토교통부에서는 급격하게 변화되고 있는 이러한 다양한 사회적 배경 하에 빅데이터 기반 인공지능 도시 계획 미래 기술 개발이라는 과제를 통해 기존의 도시 계획 과정과 도시 계획 제도 자체를 새롭게 발전시키고자 노력하고 있다. 이를 위해 당초 약 5년간 500억 규모의 국가 R&D를 기획하였으나, 현실적인 제약으로 인해 실제는 약 200억 규모로 현재 새로운 미래 빅데이터 인공지능 기반의 도시 계획 지원 플랫폼 구축을 모색하고 있다.

이 연구는 미래 사회에 대응하기 위한 빅데이터 기반의 과학적이고 객관적인 인공지능 도시 계획 기술 개발을 최종 목표로 하며, 이를 위한 핵심 추진 목표로 기본적인 국토 도시 데이터의 표준화와 통합 데이터베이스(DB)의 구축 그리고 이를 기반으로 하는 도시 진단 전망 체계와 도시 계획 지원시스템 개발 그리고 국토 도시 계획 모니터링 체계 개발 및 통합 실증 등을 추진하고 있다. 이 연구의 최종 목표 달성을 위해 전체 과제는 크게 세 가지 유형의 구성 기술로 기획 제시되어 있다.

우선, 구성 기술 1에서는 도시 계획 진단 전망 체계 구축 연구로서 국토 도시 계획 통합 DB 구축 방안과 빅데이터 기반의 도시 진단 지표 개발 및 설계, 그리고 지표 지수 서비스 지원 체계 구축을 중점적으로 추진하는 것으로 되어 있다.

그리고 구성 기술 2 도시 계획 계획 지원 체계 구축 연구 부문에서는 도시 계획 실무 적용과 대응한 도시 계획 아카이빙 시스템 구축, 도시 계획 수립 지원 모듈 개발로서의 인구 부문, 토지 이용과 공간 구조 부문, 도시 계획 시설과 성장 관리 부문을 우선 다루고 있고, 이외 도시 계획 수립 지원 시스템 구축 방안 등 전체 세 부분으로 이루어져 있다.

마지막 구성 기술 3 부문은 도시 계획 모니터링 체계 및 통합 실증 연구 부문으로 구성되어 있다. 우선 도시 계획 모니터링 체계 연구는 크게 국토 도시 계획 모니터링 체계 구축, 미래 도시 계획 기술 평가 체계 연구르 이루어져 있으며, 이와 아울러 통합 실증 연구 부문에서는 현재 기 시행된 공모를 통해 선정된 부산, 천안, 담양을 도시 규모별 실증 지자체로 선정하여 계획의 적용성과 실효성을 중심으로 실증 연구를 추진하고 있다. 그리고 마지막 연구의 최종 성과 관리로서 국가 R&D 연구를 미래 도시 계획 법제도 개선과 도시 계획 실무 매뉴얼 및 지침의 개정 작업 지원에 반영하는 것으로 되어 있다. 그리고 이를 통한 우리나라 미래 도시 계획 분야 전반의 혁신을 위한 국토 도시 계획 혁신 프레임 워크를 달성하는 것을 궁극적인 목적으로 하고 있다. 아래에서는 이와 같은 사업 개요에 이어 통합 AI 플랫폼 세부 내용과 현재까지 진행되고 있는 통합 실증 내용을 소개하고, 이와 같은 연구를 통해 알 수 있는 미래 도시 계획 제도의 변화 방향과 피지컬 AI 등에 대응하기 위한 새로운 계획 과제 및 계획가의 역량 등을 살펴본다.

AI 기반 도시 계획 통합 플랫폼 상세

미래 AI 기반 도시 계획을 위한 실질적인 통합 플랫폼으로서의 AI 기반 미래 도시 계획 세부 시스템에 대해 보다 상세하게 살펴보면 다음과 같다. 물론 현재 논의가 진행되고 있는 시범 플랫폼은 아직 완성된 단계는 아니다. 현재 국가 차원에서 연구 R&D가 진행되고 있으며, 다분히 실험적인 시스템 구축을 진행하고 있는 단계다. 그리고 이는 기본적으로는 기존의 도시 계획 지원 체계로서의 국가 도시 계획 통합 정보망(UPIS)을 업그레이드한 국토 이용 정보 통합 플랫폼(KLIP)과 통합 연계 구조를 가지는 것으로 국토교통부와 협의되어, 국토교통과학기술연구원(KAIA)과 함께 LX(한국지적정보공사)가 시스템 구축 기획을 검토하고 있다.

여기에서는 이런 전제에 바탕하여 제한적이지만 현재까지 연구 기획되고 있는 국토 도시 계획 지원 플랫폼의 구조와 기능, 그리고 활용 방향 등을 중심으로 설명하고, 보다 장기적으로 향후 완전한 미래 도시 계획 통합 플랫폼이 갖추어야 할 보완 방향과 주요 기능 요소 및 전국적인 구축 방향 등에 대해서도 함께 전망해 보도록 한다.

지금까지 구축된 국토 도시 계획 빅데이터 AI 기반 통합 플랫폼은 앞서 일부 계획 부문 소개에서 언급하였듯이 당초 기획된 도시 계획 지표 지수 도출 시스템과 계획 지원 시스템 그리고 도시 계획 모니터링 시스템으로 구성되어 있다. 그리고 이외에 도시 계획 아카이빙 시스템과 주민 참여 인터랙티브 소통 채널 등을 연계하여 운영

할 수 있도록 시스템이 구축되고 있다. 현재는 연구 단계의 시범 시스템으로 각 연구단이 독자적인 시스템을 구축하되, 상호 연계 통합 운영이 가능하도록 기초 데이터의 표준화와 운영 시스템의 기술 요소와 시스템 구성을 공통적으로 기획 관리하여 구성하고 있다.

각각의 시스템 구성과 기능에 대해 보다 상세하게 살펴보면 우선 먼저 도시 계획 지표 지수 도출 시스템에서는 도시 계획을 진단 전망할 수 있는 대표적인 도시 계획 지표 유형을 크게 10가지로 정의하고, 각 지표 유형별 대표 지표를 약 10여 개씩 총 140여 개를 도출하였으며, 이를 산출할 수 있는 AI 등의 연계 알고리즘과 최종적으로는 계획 실무에 적용할 수 있는 총 40여 개의 통합 지수 개발을 중심으로 연구 내용과 지수의 세부 내용을 제시하고 있다.

다음으로 도시 계획 지원 시스템은 현재 주로 도시 계획의 실현과 관련된 도시 관리 계획 단위 모듈을 중심으로 계획 수립을 지원할 수 있는 운영 시스템 중심으로 구성되어 있다. 현재는 실험적 단계로 인구 부문과 토지 이용, 공간 구조, 도시 시설, 생활권 및 성장 관리 계획 부문에 대해 시범 운영을 목적으로 시스템이 구축되고 있다.

이러한 도시 계획 지원 시스템 내용과 관련하여 우선

가장 기본이 되는 인구 부문에 대해서는 무엇보다도 기존의 상주인구 중심의 양적 기준이 아니라 유동 인구 중심의 활동 인구 지표를 중심으로 이의 도출 방안과 평가 그리고 적용 예시 등을 다루고 있다. 또한 토지 이용과 공간 구조 부문은 상호 긴밀하게 연계되어 있는 부분이기도 하지만 다양한 토지 이용 예측과 중심지 구조와 중심축 예측 등을 다루고 있다.

이와 관련해서는 특히 최근 중점적으로 다루어지고 있는 AI 에이전트(Agent)를 활용한 행위자 기반 모델을 중심으로 활용 방안을 제시하고 있다. 또한 생활권 계획 부문은 특히 서울시를 대상으로 한 서울연구원의 N분 생활권 기술 개발을 바탕으로 전국적인 적용 방안을 모색하도록 하고 있다. 마지막으로 성장 관리 계획 부문에서는 비도시 지역의 성장 한계와 인근 시군의 개발 가용지 예측 등을 포함한 시가화 예정 용지 도출 방안 등을 다루고 있다.

다만 이러한 다양한 모듈별 시스템 개발은 도시 계획 전 분야를 다루고 있지는 못한 한계를 가지고 있으며 또한 실무 적용과 관련해서는 아직은 시범적인 운영 시스템을 중심으로 지자체 실증 등을 통해 효용성 검증과 실효성에 대한 피드백(Feedback)을 통해 구체화할 예정이다. 이러한 지자체 실증과 관련해서는 다음 절에서 보다 상세하게 다루도록 한다.

다른 한편으로 실질적으로 도시 계획 행정 실무에 계획 지원 역할을 할 수 있는 도시 계획 아카이빙 기술 부문이 최근 다양한 분야에서 활용되고 있는 챗지피티(ChatGPT)와 같은 거대 언어 모델(LLM) 방식의 서비스를 개발하고 있다. 그리고 계획 수립 단계에 필수적이라고 할 수 있는 주민 참여와 관련된 인터랙티브 소통 채널에 대해서도 별도의 기술 개발과 함께 실증 지자체 홈페이지 구축 등 시스템을 지원할 수 있도록 연계 체계를 구축하고 있다.

마지막으로 도시 계획의 실행과 관련한 계획의 평가와 관련된 모니터링 시스템 구축을 함께 모색하고 있다. 모니터링 시스템에서 활용되고 있는 계획 지표 등은 기존의 도시 계획 체계에서의 지표 기준과 함께 구성 기술 1에서 새롭게 개발된 인공지능과 빅데이터 기반의 신규 지표와 지수를 통합적으로 검토하여 실질적으로 활용할 수 있는 모니터링 지표를 국제적인 평가 기준 등의 비교 검토를 통해 결정될 예정이다. 그리고 이는 계속적으로 수정 보완할 예정이다. 이러한 모니터링을 바탕으로 한 도시 계획 혁신 프레임 워크로서의 법 제도 및 정책 개선

방안에 대해서도 검토 반영할 수 있도록 함으로써 미래 빅데이터와 인공지능 기반의 새로운 도시 계획이 현실적으로 도시 계획 업무 전반에 반영될 수 있게 하고 있다.

장기적으로는 현 단계의 기술 개발 이후 보다 적극적으로 인공지능 기술 등을 접목한 미래 피지컬 AI와 연계된 디지털 트윈 등 시뮬레이션 기술과 자동화 방안 등 후속 기술 개발을 위한 다음 단계의 R&D 연구가 이루어질 필요가 있으며, 이를 바탕으로 궁극적으로는 미래 AI 스마트 시티에서의 도시 계획 시스템으로의 발전을 위한 다양한 새로운 계획이슈와 기술개발 등을 통한 혁신적인 도시 계획의 발전을 기대하고 있다.

AI 기반 도시 계획 실증 및 계획 역량 등

현재 빅데이터 AI 기반 미래 도시 계획 기술 개발 관련 지자체 실증과 관련해서는 전국적으로 3개의 지자체가 선정되어 실증에 참여하고 있으며, 최근 인공지능 관련 기술 개발의 고도화와 적용 확대와 관련하여 추가적으로 1개 지자체를 추가 적용할지 여부를 검토 중에 있다.

현재 실증 지자체로는 대도시에서는 부산광역시가, 중소 규모 도시로 천안시가, 소규모 시군에서는 전남 담양군이 선정되어 실증 작업이 진행되고 있다.

우선 대도시 차원에서는 부산광역시를 중심으로 한 도시기본계획상의 생활권 계획과 부산시 차원에서 보다 역점을 두고 추진 중인 크로노 어바니즘에 바탕한 소위 15분 도시 개념 실현 방안을 중심으로 한 계획 지원을 추진 중이다.

그리고 중소도시 차원에서 실질적인 도시 계획 전반에의 적용성을 실증하는 지자체로는 충청남도 천안시를 대상으로 전반적인 계획 영역을 대상으로 기술 개발을 추진하고 있다. 이와 관련하여 천안시에서는 도시 기본 계획 수립에서부터 도시 관리 계획으로서의 인구 예측 및 이에 바탕한 토지 이용 계획, 공간 구조 계획 그리고 비도시 지역에 대한 성장 관리 계획 등을 수립 지원하고 있는 등 도시 계획 전반에 대한 적용성을 검토하도록 하고 있다.

마지막으로 지방 소규모 시군 차원에서는 전라도 담양군을 중심으로 한 농산어촌에서의 도시(군) 계획 시설 적정 공급과 최근 전국적으로 이슈가 되고 있는 인구 감소, 쇠퇴 도시 등에 대응하기 위한 입지 적정화 방안으로서의 강소 생활권 모델 검토와 이에 바탕한 도시 특성화 방안 등에 대해 다루고 있다.

그리고 마지막으로 앞서 언급하였듯이 최근 국제적으

로 사회 전 분야에 걸쳐 폭발적인 인공지능 기술의 발전과 연계하여 보다 새롭게 보다 적극적으로 도시 계획에의 인공지능 활용 방안을 비약적으로 발전시킬 필요성이 제시되어 이와 관련된 다양한 논의와 함께 기술 개발의 연계와 관련한 실증 도시의 필요성이 제기되고 있어 현재 국토교통부와 연구단이 함께 광주광역시 기술 연구원과 연계한 실증 도시의 추가적인 검토를 고민하고 있기도 하다. 실제 광주광역시는 담양군이 인접해 있는 연계 도시로서 함께 검토가 필요한 부분인 점 등으로 실증 도시 추가를 긍정적으로 고려하고 있다.

빅데이터 인공지능 기반의 미래 도시 계획 기술 개발 국가 R&D 본 연구는 현재 1차년, 2차년으로 진행된 1단계 사업이 완료되고, 2단계인 3차년, 4차년에 접어들고 있다. 실질적인 기술 구현과 시스템 구축을 바탕으로 한 실용화 플랫폼 제시를 목표로 진행되고 있는 2단계 연구는 연구 추진과 함께 실무에의 적용성 검증을 위해 실증 작업을 동시에 추진하고 있기도 하다.

실제 이와 같은 과정을 거쳐 미래에는 우리나라 전역이 새로운 빅데이터 인공지능 기반의 미래 도시 계획 기술 적용을 활용할 수 있을 것이다. 물론 이와 같은 실무 적용성을 실현시키기 위해서는 아직 넘어야 할 산이 많다고 할 수 있다.

실질적으로 전국에 걸친 공공 및 민간 빅데이터의 통합 데이터베이스(DB) 구축 작업이 실현되어야 한다. 물론 우리나라의 경우 과거 국가적 위기였다고 할 수 있는 IMF 시기에 공공 근로 사업의 일환으로 국가 지리 정보(GIS) 전산화 작업이 대대적으로 추진되어 지형도 및 항측도 등의 디지털화가 이루어져 있고, 이것이 현재 국가 도시 계획 통합 정보망(UPIS)과 이를 고도화한 국트 이용 정보 통합 플랫폼(KLIP)이란 시스템 구축으로 기본적인 틀이 마련되어 있다고 할 수 있다. 기본적으로 이미 언급하였듯이 이번 국가 R&D의 최종 성과로서의 통합 플랫폼도 이 시스템과 연계되어 일반 국민들에게 활용될 수 있도록 할 예정이다.

공공 빅데이터가 국가 정책에 의해 일반에게 개발되는 것을 원칙으로 개인정보 보호를 위한 마이데이터 사업 등이 함께 추진되고 있지만, 많은 국가 정부에서 구축하거나 활용하고 있는 공공 데이터가 제각각의 방식으로 표준화 작업과 구축 시스템에 탑재되어 있기 때문에 실제 이를 국토 도시 계획에의 활용을 위해 데이터를 통합하고, 연계하기 위한 국가 차원의 합의와 노력이 필요하다.

또한 많은 빅데이터의 경우 민간 데이터로 구축되는 통신 데이터나 카드 데이터 등이 많기 때문에 이를 공공 빅데이터와 결합하거나 연계 활용하기 위해서는 공공이 적지 않은 비용을 들여 이를 구입하거나 민간과의 합의를 통해 공공적 목적으로 활용할 수 있도록 하는 선행 작업이 요구된다. 이는 비단 우리나라만의 문제가 아니라 다른 나라에서도 비슷하게 겪고 있는 문제라 할 수 있다.

이와 같은 전제 조건이 충족되더라도 전국의 대도시, 중소도시, 시군, 읍면동 등 서로 다른 규모와 인구, 자연적 특성을 가지고 있는 전국의 지방자치단체의 도시 계획을 통합 플랫폼에서 어느 정도의 상세성과 구체성을 가지고 얼마나 효율적이고 신속하게 시스템에 접근하고 활용할 수 있게 할 것인가 하는 고민을 해야 한다. 그리고 이를 위해서는 매우 실무적이고 현실적인 시스템화 작업을 하는 단계에서 많은 전문가들과 정책 결정자 간의 긴밀한 논의가 요구되며 또한 무엇보다도 실제 장기적으로 전국적인 시스템을 확대 구축하기 위해서는 수년간에 걸쳐 많은 예산과 노력이 지속적으로 투입되어야 할 것이다.

이와 함께 도시 계획 실무 담당자와 전문가, 학계 등에서 현재의 다양한 형태의 빅데이터와 인공지능을 활용한 도시 계획 업무의 실효성을 높일 수 있는 응용 프로그램의 개발과 다양한 연구 활동 등을 통해 미래 도시 계획이 가지고 있는 서비스의 다양화와 양적 질적 향상을 통한 다양한 도시 문제 해결을 위한 솔루션 개발을 위해 창조적이고 혁신적인 노력이 함께 이루어져야 할 것이다.

사실 이를 위해서는 역량 있는 계획가의 자질을 갖춘 미래 도시 계획가 양성을 위한 근본적인 도시 계획 교육의 변화도 고민해야 할 것이다.

이와 같은 교육의 대상과 범주는 비단 전문가로서의 도시 계획가에 그치지 않고, 도시 계획의 현장에서 다양한 이해관계와 민원을 가지고 있는 일반 시민들까지를 포함한다 하겠다. 결국 미래의 데이터 기반 도시 계획이라고 하는 새로운 계획 환경과 인공지능 기반의 새로운 계획 결정에 대해 개개인의 재산권과 자유 재량 범위가 제약될 수 있는 계획고권(計劃高權)으로서의 도시 계획 결정을 여하히 사회적 합의를 바탕으로 수용 발전시켜 나갈 수 있느냐 하는 또 다른 철학적 가치와 이념적 충돌을 극복해 내야 하기 때문이다.

어찌되었건 미래는 궁극적으로 AI 네이티브 도시 즉 최근 커다란 화두가 되고 있는 피지컬 AI 등을 포함한 미래 AI 시티로 발전해 나갈 것으로 기대되고 있다. 결국 이를 통해 머지않아 우리나라뿐만 아니라 세계의 많은 도시들이 교통 체증 없는 도시, 환경오염 없는 도시, 불평등과 사회적 불균형이 없는 도시를 실현시킬 수도 있을 것이다. 이는 과거 산업 사회가 이룩해 놓은 대도시와 수많은 도시에서의 삶과 활동들이 더 이상 많은 것을 희생해야만 누릴 수 있는 행복이 아니라 일과 생활과 여가를 모두 함께 불편 없이 누리면서 모두가 행복한 도시가 될 수 있도록 하는 미래 사회를 의미하며, 이에 인공지능이 큰 역할을 할 수 있을 것이다. 물론 이를 위해서는 극복해야 하는 많은 문제와 넘어서야 할 사회적 합의와 철학적 논쟁 그리고 지속적인 교육과 역량 강화가 반드시 필요하다.

이 책이 이와 같은 국토 도시 계획 분야에서의 인공지능(AI)을 활용하기 위한 다양한 고민의 단초를 공유하고, 이를 통해 폭넓은 논의 과정의 전개와 분야 발전을 통해 미래 AI 네이티브 도시로서의 AI 시티에 걸맞은 새로운 미래 도시 계획 플랫폼의 기틀을 마련하는 디딤돌이 될 수 있기를 기대해 본다.

참고문헌

김현수 외(2014). "국토이용 및 도시 계획체계 개편 연구". 국토교통부

국토교통부(2019). "빅데이터 기반 인공지능 활용 미래 도시 계획 기술개발 기획연구". 중간평가자료, 국토교통기술진흥원.

이희정 외(2014). 《새로운 도시, 도시 계획의 이해》. 보성각.

최봉문 외(2020). "스마트 도시 계획 도입을 위한 정책연구". 서울특별시·대한국토도시 계획학회 간.

Hansen, W. G.(1959). How accessibility shapes land use. *Journal of the American Planning Association, 25*, pp.73~76.

Harris, B.(1994). The real issues concerning Lee's 'requiem' *Journal of the American Planning Association, 60*, pp.31~34.

Heinze, G. W.(1992). Lösungsstrategien des Verkehrswachstums als Optionen für die Verkehrswirtschaft. In Hesse, M.(Hrsg.). *Verkehrswirtschaft auf neuen Wegen?*. Metropolis.

International Telecommunication Union(2014). Smart sustainable cities: an analysis of definitions. Focus group technical report: ITU.

Lee, D. B.(1973). Requiem for large-scale models. *Journal of the American Institute of Planners, 39*, pp.163~178.

Lee, S. et al.(2013). Urban structural hierarchy and the relationship between the ridership of the Seoul Metropolitan Subway and the land-use pattern of the station areas. *Cities, 35*, pp.69~77.

이희정

서울시립대학교 도시과학대학 도시공학과 교수다. 서울대학교에서 도시공학 학사, 석사를 이수하고, 서울시립대학교 건축도시조경학부에서 공학 박사 학위를 취득했다. 서울시정개발연구원(현 서울연구원) 연구위원을 거쳐 아주대학교 건축학부 교수로 재직하였으며, 미국 캘리포니아대학에서 연구교수를 지냈다. 주요 관심 분야는 도시 계획 및 설계, 지구단위계획 및 토지 이용계획, 도시의 문화 공간 계획 및 설계 등이며, 최근에는 빅데이터와 인공지능(AI) 기반의 미래기술개발 국가 R&D에 참여하는 등 미래 도시 분야에 특히 많은 관심을 가지고 있다. 주요 논문으로는 "지구단위 건축밀도 분포특성 규명", "도시의 창조성 지표 연구" 등이 있다. 주요 연구로는 '국토 도시공간계획체계 개편 연구', '패러다임변화에 따른 도시 계획제도 연구', '공간저항 개념을 통한 지역 활성화 방안 연구' 등이 있다.

서울시 도시건축통합심의위원, 경기도 도시 계획위원, 한국토지주택공사 설계심의위원, 국토교통부 세종시건설위원, 국가미래 도시 디자인 기술개발 R&D 기획책임, 국토경관헌장제정 위원 등을 역임했다. 주요 저서는 도시 계획론, 도시설계론, 지구단위계획의 이해, 도시경관론, 세계 도시디자인, 도시 인간과 공간의 커뮤니케이션, 맞춤형 도시 계획, 도시재생시대의 도시 계획 등 100편 이상의 논문과 책을 KCI, SSCI, SCOPUS 등 등재학술지에 게재 및 출간했다.